HandSumbook

통기초 스페인어 생활회화

양인지 지음

정진출판사

이 책의 구성

스페인어는 전 세계 4억 명이 넘는 인구가 쓰는 언어이자 UN의 여섯 개 공식 언어 중 하나입니다. 중국어 다음으로 사용 인구가 많은 언어로, 그 중요성 역시 점점 커지고 있습니다.

이 책은 사업적인 상황, 관광지에서의 상황, 일상적인 상황 등 필요한 상황에 맞는 주요 회화를 모두 담았으며 초보자들도 쉽게 따라하고 바로 활용할 수 있게 구성하였습니다.

스페인어는 낭만적인 표현으로 가득할 뿐 아니라 발음도 참 예쁜 언어입니다. 외국어를 효과적으로 익히는 방법은 무엇보다 단어를 많이 외우고 실제로 쓰이는 문장을 많이 접해 보는 것입니다. 여러분의 공부에 이 책이 도움이 되기를 바랍니다.

이 책의 특징은 다음과 같습니다.

- 포켓북 사이즈로 만들어 항상 가볍게 휴대하며 학습할 수 있습니다. 또한 원어민이 녹음한 본문 전체의 mp3 파일을 내려받아 자유롭게 학습에 활용할 수 있습니다.
- 전체적으로 기본적인 회화에서 상황에 따른 적절한 표현들로 내용을 구성하여 쉽게 원하는 표현을 찾으며 학습할 수 있습니다.
- 본문의 주요표현은 이해하기 쉬운 간단한 대화 형식으로 구성하여 학습 효과를 높일 수 있으며, 각 장의 뒤에는 단어의 응용과 어휘력 향상을 위해 본문의 주제와 관련된 단어를 따로 실었습니다.
- 원어민 발음에 가까운 한글 발음을 표기하여 스페인어를 처음 접하는 학습자들도 쉽게 익힐 수 있습니다.

목 차

제3장 의견 · 감정 · 관심

제4장 일상생활

제7장 쇼핑 · 식사

제8장 교통

제9장 관광

제10장 위급상황

부록

1장

인사와 소개

1. 인사
2. 처음 만났을 때
3. 오랜만에 만났을 때
4. 안부를 물을 때
5. 헤어질 때
6. 누구인지 물을 때
7. 소개하기
8. 국적 묻기
9. 직업 묻기
10. 출신지, 거주지 묻기
11. 나이를 물을 때
12. 가족 소개

1. 인사

주요표현

A : Hola, Carlos.
올라 까를로스

B : Hola, Elena.
올라 엘레나

A : 안녕, 카를로스.

B : 안녕, 엘레나.

안녕하세요.(아침 인사)

Buenos días.

부에노스 디아스

안녕하세요.(오후 인사)

Buenas tardes.

부에나스 따르데스

안녕하세요.(밤 인사)

Buenas noches.

부에나스 노체스

안녕하세요.

Hola.

올라

어떻게 지내세요?

¿Cómo estás?

꼬모 에스따스

어떻게 지내세요?

¿Qué tal?

께 딸

잘 지내요.

Estoy bien.

에스또이 비엔

기분이 좋아 보인다.

Te ves muy bien.

떼 베스 무이 비엔

괜찮아요?

¿Está bien?

에스따 비엔

문제없습니다.

No hay problema.

노 아이 쁘로블레마

스페인어에서는 인사말이 오전, 오후, 밤 시간에 따라서 달라지는데, 'Hola.'는 시간과 상관없이 아무 때나 쓸 수 있는 말로, '안녕.', '안녕하세요.'와 같은 인사말입니다.

2. 처음 만났을 때

주요표현

A : Soy Mina Kim. Encantada.
쏘이 미나 낌 엔깐따다

B : Soy Carlos López. Encantado.
쏘이 까를로스 로뻬쓰 엔깐따도

A : 김미나입니다. 반갑습니다.
B : 카를로스 로페스입니다. 반갑습니다.

이분은 김 선생입니다.

Es el Señor Kim.
에스 엘 쎄뇨르 낌

만나게 되어 반갑습니다.

Me alegro de verte.
메 알레그로 데 베르떼

저 역시 만나서 기쁩니다.

Me alegro de verte, también.
메 알레그로 데 베르떼 땀비엔

저를 간단히 소개하겠습니다.

Quisiera presentarme brevemente.
끼씨에라 쁘레센따르메 브레베멘떼

저는 이하나입니다.

Soy Ha-na Lee.
쏘이 하나 리

성함이 어떻게 되세요?

¿Cómo se llama?

꼬모 쎄 야마

내 이름은 다니엘라입니다.

Me llamo Daniela.

메 야모 다니엘라

우리 전에 만난 적 있던가요?

¿Te conozco de alguna parte?

떼 꼬노스꼬 데 알구나 빠르떼

전에 만난 적 있습니다.

Nos hemos encontrado antes.

노스 에모스 엔꼰뜨라도 안떼스

당신이 낯익어 보입니다.

Tu cara me suena.

뚜 까라 메 쑤에나

'처음 만나서 반갑다.'라고 할 때, 남자는 'Encantado.', 여자는 'Encantada.' 라고 말합니다. 스페인어는 성에 따라 어미가 달라지는 언어이기 때문입니다. 이 외에도 '당신을 만나 기쁘다.'라는 뜻으로 'Mucho gusto.' 등의 인사가 있습니다.

3. 오랜만에 만났을 때

주요표현

A : Hace tiempo que no nos vemos. ¿Cómo está?
아쎄 띠엠뽀 께 노 노스 베모스 꼬모 에스따

B : Estoy bien. Gracias.
에스또이 비엔 그라씨아스

A : 오랜만입니다. 안녕하세요.

B : 전 잘 지내요. 감사합니다.

5년 만이군요.

Hace cinco años que nos vimos por la ultima vez.
아쎄 씽꼬 아뇨스 께 노스 비모스 뽀르 라 울띠마 베스

어떻게 지내세요?

¿Cómo está?
꼬모 에스따

잘 지내고 있습니다.

Estoy muy bien.
에스또이 무이 비엔

너는?

Y ¿tú?
이 뚜

당신은요?

Y ¿usted?
이 우스뗏

그럭저럭요.

Más o menos.

마스 오 메노스

나쁘지 않아요.

No estoy mal.

노 에스또이 말

건강해 보이네요.

Te ves muy bien.

떼 베스 무이 비엔

보고 싶었어요.

Te extrañé.

떼 엑스뜨라녜

저도요.

Yo también.

요 땀비엔

4. 안부를 물을 때

주요표현

A : ¿Qué tal su trabajo?
께 딸 쑤 뜨라바호

B : Todo bien.
또도 비엔

A : 일은 어떠신가요?

B : 잘돼 갑니다.

업무가 바쁘세요?

¿Está ocupado?
에스따 오꾸빠도

아주 바쁩니다.

Estoy muy ocupado.
에스또이 무이 오꾸빠도

일 때문에 꼼짝을 못합니다.

Estoy atado al trabajo.
에스또이 아따도 알 뜨라바호

요즈음 어떻게 지내세요?

¿Cómo está hoy en día?
꼬모 에스따 오이 엔 디아

창업을 했습니다.

Inicié mi propio negocio.
이니씨에 미 쁘로삐오 네고씨오

모든 게 괜찮습니다.

Todo está bien.

또도 에스따 비엔

그렇게 나쁘지는 않아요.

No tan mal.

노 딴 말

할 일이 많아요.

Tengo mucho que hacer.

뗑고 무초 께 아쎄르

한가해요.

Estoy libre.

에스또이 리브레

끔찍합니다.

Es horrible.

에스 오리블레

스페인 사람들은 하루 중 낮 시간이 길어 늦게 일어나고, 저녁 늦게까지 활동하는 경향이 있습니다. 하절기(3월~10월)에는 서머타임제가 시행되고 한여름에는 밤 10시가 넘어서 해가 집니다. 게다가 한여름 폭염 때에는 씨에스타(Siesta ; 하루 중 가장 더운 시간인 14:00~16:00경에 갖는 점심휴식 시간)를 즐기며 오후에 문을 닫았다가 저녁에 다시 여는 가게도 많습니다.

5. 헤어질 때

주요표현

A : Chao. Hasta luego.
차오 아스따 루에고

B : Que tenga un buen día.
께 뗑가 운 부엔 디아

A : 안녕히 가세요. 또 봐요.

B : 좋은 하루 되세요.

집에 가야 할 시간이네요.

Es hora de ir a casa.
에스 오라 데 이르 아 까싸

살펴 가세요.

Cuídese.
꾸이데쎄

내일 또 봐요.

Hasta mañana.
아스따 마냐나

나중에 봐요.

Hasta luego.
아스따 루에고

아내에게 안부 전해 주세요.

Saluda a su esposa de mi parte.
쌀루다 아 쑤 에스뽀싸 데 미 빠르떼

가족에게 안부 전해 주세요.

Saludos a su familia.

쌀루도스 아 쑤 파밀리아

보고 싶습니다.

Te extraño.

떼 엑스뜨라뇨

모든 게 잘되길 바랄게요.

Te deseo lo mejor.

떼 데쎄오 로 메호르

잘 가요.

Adiós.

아디오스

즐거운 주말 되세요.

Buen fin de semana.

부엔 핀 데 쎄마나

hasta는 '~까지'라는 뜻으로, 이를 활용해서 간단한 작별 인사를 할 수 있습니다.

Hasta mañana. 내일 봐.

Hasta luego. 나중에 봐.

Hasta la vista. (다시 볼 때까지) 잘 있어.

6. 누구인지 물을 때

주요표현

A : ¿Quién es él?
끼엔 에스 엘

B : Es el Sr. Fernando.
에스 엘 쎄뇨르 페르난도

A : 그는 누구입니까?

B : 페르난도 씨입니다.

우리는 서로 아는 사이입니다.

Nos conocemos.
노스 꼬노쎄모스

지희는 나의 오랜 친구입니다.

Ji-hee es mi amiga antigua.
지희 에스 미 아미가 안띠구아

우리는 학교 동창입니다.

Nos graduamos en la misma escuela.
노스 그라두아모스 엔 라 미스마 에스꾸엘라

우리는 같은 회사에서 일합니다.

Trabajamos en la misma empresa.
뜨라바하모스 엔 라 미스마 엠쁘레싸

그는 내 직장 동료입니다.

Es mi compañero de trabajo.
에스 미 꼼빠녜로 데 뜨라바호

그는 구매부 팀장입니다.

Es jefe de compras.

에스 헤페 데 꼼쁘라스

그녀는 내 상사입니다.

Es mi jefa.

에스 미 헤파

저 부인은 누구인가요?

¿Quién es aquella señora?

끼엔 에스 아께야 쎄뇨라

그녀는 내 고객입니다.

Es mi cliente.

에스 미 끌리엔떼

그녀의 이름을 모릅니다.

No sé cómo se llama.

노 쎄 꼬모 쎄 야마

7. 소개하기

주요표현

A : ¿Cómo se llama?
꼬모 쎄 야마

B : Me llamo Miguel.
메 야모 미겔

A : 성함이 어떻게 되세요?

B : 제 이름은 미겔입니다.

정진상사의 김성민입니다.

Soy Sung-min Kim de la empresa Jeongjin.
쏘이 성민 낌 데 라 엠쁘레사 정진

이름 철자가 어떻게 됩니까?

¿Cómo se escribe su nombre?
꼬모 쎄 에스끄리베 쑤 놈브레

제 명함 여기 있습니다.

Aquí tiene mi tarjeta de presentación.
아끼 띠에네 미 따르헤따 데 쁘레센따씨온

명함을 주시겠습니까?

¿Podría darme su tarjeta de presentación?
뽀드리아 다르메 쑤 따르헤따 데 쁘레센따씨온

여기 있습니다.

Aquí está.
아끼 에스따

저는 당신의 명함이 없습니다.

No tengo su tarjeta de presentación.

노 뗑고 쑤 따르헤따 데 쁘레센따씨온

저는 이름은 호르헤입니다.

Mi nombre es Jorge.

미 놈브레 에스 호르헤

저는 루이스입니다.

Soy Luís.

쏘이 루이스

마르셀로라고 불러 주세요.

Llámame Marcelo.

야마메 마르셀로

당신의 별명은 무엇인가요?

¿Cuál es su apodo?

꽐 에스 쑤 아뽀도

▶**Llámame Marcelo.** 마르셀로라고 불러 주세요.

성을 빼고 이름으로 불러 달라고 하는 것은 상대방에게 격의없이 친하게 지내자는 의미입니다. 그리고 스페인에서는 상대방에게 자신을 소개할 때 학위나 직책 등을 나타내는 칭호는 사용하지 않으며 명함에도 이를 기재하지 않는 게 보통입니다.

8. 국적 묻기

주요표현

A : Sr. Kim. ¿Usted es coreano?
쎄뇨르 낌 우스뗃 에스 꼬레아노

B : Sí. Soy coreano.
씨 쏘이 꼬레아노

A : 미스터 김, 한국인이세요?

B : 네. 그렇습니다.

어디 출신입니까?

¿De dónde es?
데 돈데 에스

어느 나라에서 오셨습니까?

¿De qué país viene?
데 께 빠이스 비에네

국적이 어디인가요?

¿Cuál es su nacionalidad?
꽐 에스 쑤 나씨오날리닫

한국에서 왔습니다. 당신은요?

Soy de Corea. Y ¿usted?
쏘이 데 꼬레아 이 우스뗃

저는 한국인입니다.

Soy coreana.
쏘이 꼬레아나

뉴욕 출신입니다.

Soy de Nueva York.

쏘이 데 누에바 욝

당신은 중국인입니까?

¿Usted es chino?

우스뗏 에스 치노

여기는 일 때문에 왔습니다.

Vengo aquí por trabajo.

벵고 아끼 뽀르 뜨라바호

관광하러 왔습니다.

Vengo por turismo.

벵고 뽀르 뚜리스모

스페인어는 어디서 배우셨나요?

¿Dónde aprendió español?

돈데 아쁘렌디오 에스빠뇰

스페인에서는 악수, 포옹, 도스 베소스(dos besos ; 양쪽 뺨을 번갈아 맞대면서 하는 인사) 등의 인사법이 있습니다. 비즈니스 만남, 특히 첫 만남에서 가장 일반적인 인사법은 악수입니다. 포옹은 주로 막역한 사이에 나누며, 친밀한 관계가 형성된 경우 남성들 사이에서도 사용하는 인사법입니다. 하지만 첫 미팅 시에는 바람직한 인사법이 아니니 주의하셔야 합니다.

9. 직업 묻기

주요표현

A : ¿Cuál es su profesión?
꽐 에스 쑤 프로페씨온

B : Soy estudiante.
쏘이 에스뚜디안떼

A : 무슨 일을 하십니까?

B : 저는 학생입니다.

무슨 일을 하세요?

¿A qué se dedica usted?
아 께 쎄 데디까 우스뗏

은행원입니다.

Soy banquero.
쏘이 방께로

어디서 일하세요?

¿En donde trabaja?
엔 돈데 뜨라바하

전자회사에서 일합니다.

Trabajo en una empresa eléctrica.
뜨라바호 엔 우나 엠쁘레사 엘렉뜨리까

은행에서 일합니다.

Trabajo en un banco.
뜨라바호 엔 운 방꼬

작은 가게를 운영하고 있습니다.

Administro una tienda pequeña.

아드미니스뜨로 우나 띠엔다 뻬께냐

영어 선생입니다.

Soy profesor de inglés.

쏘이 프로페쏘르 데 잉글레스

변호사입니다.

Soy abogado.

쏘이 아보가도

관광 안내원입니다.

Soy guía de turismo.

쏘이 기아 데 뚜리스모

저는 의사입니다.

Soy médico.

쏘이 메디꼬

▶근무 형태 표현

trabajo a tiempo completo / trabajo a jornada completa 풀타임 근무

trabajo a tiempo parcial / trabajo temporal 시간제 근무

trabajo no remunerado 무급 근무

10. 출신지, 거주지 묻기

주요표현

A : ¿Dónde vive?
돈데 비베

B : Vivo en Seúl.
비보 엔 쎄울

A : 어디 사세요?

B : 서울에 삽니다.

어디 출신이세요?

¿De dónde es?
데 돈데 에스

고향이 어디세요?

¿Cuál es su ciudad natal?
꽐 에스 쑤 씨우닷 나딸

내 고향은 일산입니다.

Mi ciudad natal es Il-San.
미 씨우닷 나딸 에스 일산

오래 전부터 서울 근교에 살았어요.

He vivido mucho tiempo cerca de Seúl.
에 비비도 무초 띠엠뽀 쎄르까 데 쎄울

직장은 서울입니다.

Mi empresa está en Seúl.
미 엠쁘레사 에스따 엔 쎄울

교통이 편리합니다.

Es fácil acceder al transporte público.
에스 파씰 악쎄데르 알 뜨란스뽀르떼 뿌블리꼬

댁이 서울에서 멉니까?

¿Su casa está lejos de Seúl?
쑤 까싸 에스따 레호스 데 쎄울

네. 여기서 멉니다.

Sí. Está lejos de aquí.
씨 에스따 레호스 데 아끼

지하철로 대략 30분 걸립니다.

Se tarda aproximadamente treinta minutos en metro.
쎄 따르다 아쁘록씨마다멘떼 뜨레인따 미누또스 엔 메뜨로

우리 집은 여기서 가깝습니다.

Mi casa está cerca de aquí.
미 까사 에스따 쎄르까 데 아끼

집에서 학교까지는 얼마나 걸리나요?

¿Cuánto se tarda desde la casa hasta la escuela?
꽌또 쎄 따르다 데스데 라 까싸 아스따 라 에스꾸엘라

걸어서 20분 거리예요.

Se tardan veinte minutos a pie.
쎄 따르단 베인떼 미누또스 아 삐에

---

11. 나이를 물을 때

주요표현

A : Tengo diez años más que tú.
떵고 디에스 아뇨스 마스 께 뚜

B : ¿En serio? Es increíble.
엔 쎄리오 에스 인끄레이블레

A : 내가 너보다 10살이나 많아.

B : 정말요? 믿기지 않네요.

내가 당신보다 나이가 많습니다.

Soy mayor que usted.

쏘이 마요르 께 우스뗏

네, 제가 당신보다 어리군요.

Sí, soy menor que usted.

씨 쏘이 메노르 께 우스뗏

당신과 당신 부인 중 누가 더 나이가 많아요?

¿Quién es mayor entre usted y su esposa?

끼엔 에스 마요르 엔뜨레 우스뗏 이 쑤 에스뽀사

우리는 같은 달에 태어났군요.

Nacimos el mismo mes.

나씨모스 엘 미스모 메스

당신은 첫째인가요?

¿Usted es el mayor de sus hermanos?

우스뗏 에스 엘 마요르 데 쑤스 에르마노스

아니요, 막내입니다.

No, soy el menor.
노 쏘이 엘 메노르

누나와 남동생이 있습니다.

Tengo una hermana mayor y un hermano menor.
뗑고 우나 에르마나 마요르 이 운 에르마노 메노르

형은 나보다 두 살 많습니다.

Mi hermano es dos años mayor que yo.
미 에르마노 에스 도스 아뇨스 마요르 께 요

저는 미성년자입니다.

Soy menor de edad.
쏘이 메노르 데 에닷

저는 외동아들입니다.

Soy hijo único.
쏘이 이호 우니꼬

저는 동생보다 한 살 많습니다.

Soy un año mayor que mi hermano.
쏘이 운 아뇨 마요르 께 미 에르마노

우리 중에 제가 나이가 가장 많습니다.

Soy el mayor entre nosotros.
쏘이 엘 마요르 엔뜨레 노소뜨로스

12. 가족 소개

주요표현

A : ¿Cuántas personas hay en su familia?
꽌따스 뻬르쏘나스 아이 엔 쑤 파밀리아

B : Hay cinco personas en mi familia.
아이 씽꼬 뻬르쏘나스 엔 미 파밀리아

A : 가족이 몇 분이세요?

B : 5인 가족입니다.

가족에 대해 말해 주세요.

Cuénteme sobre su familia.
꾸엔떼메 쏘브레 쑤 파밀리아

우리 가족 사진입니다.

Es la foto de mi familia.
에스 라 포또 데 미 파밀리아

우리 가족은 세 명입니다.

Somos tres personas en mi familia.
쏘모스 뜨레스 뻬르쏘나스 엔 미 파밀리아

저는 가족과 같이 살아요.

Vivo con mi familia.
비보 꼰 미 파밀리아

당신은 형제 자매가 있나요?

¿Tiene un hermano o una hermana?
띠에네 운 에르마노 오 우나 에르마나

네, 여동생이 있습니다.

Sí, tengo una hermana.
씨 뗑고 우나 에르마나

누나가 있었으면 좋겠습니다.

Me gustaría tener una hermana mayor.
메 구스따리아 떼네르 우나 에르마나 마요르

내 여동생은 나와 축구를 하지 않아요.

Mi hermana no juega fútbol conmigo.
미 에르마나 노 후에가 풋볼 꼰미고

대가족이군요.

Tiene una gran familia.
띠에네 우나 그란 파밀리아

우리 가족은 핵가족이에요.

Tengo una familia pequeña.
뗑고 우나 파밀리아 뻬께냐

아들은 스페인어 선생입니다.

Mi hijo es profesor de español.
미 이호 에스 프로뻬쏘르 데 에스빠뇰

막내아들은 병원에서 일합니다.

Mi hijo menor trabaja en hospital.
미 이호 메노르 뜨라바하 엔 오스삐딸

관련단어

가족, 친척 호칭

familia	파밀리아	가족
abuelo	아부엘로	할아버지
abuela	아부엘라	할머니
padres	빠드레스	부모님
padre	빠드레	아버지
madre	마드레	어머니
papá	빠빠	아빠
mamá	마마	엄마
hijo	이호	아들
hija	이하	딸
hermano	에르마노	남자 형제
hermana	에르마나	여자 형제
nieto	니에또	손자
nieta	니에따	손녀
tío	띠오	숙부, 삼촌 등
tía	띠아	숙모, 고모, 이모 등
esposa	에스뽀싸	아내
esposo	에스뽀쏘	남편
pariente	빠리엔떼	친척
yerno	예르노	사위
nuera	누에라	며느리
suegro	수에그로	시아버지, 장인
suegra	수에그라	시어머니, 장모
hermano	에르마노	형, 오빠
primo	쁘리모	사촌
cuñado	꾸냐도	처남

국가 이름

Corea del Sur	꼬레아 델 수르	한국
España	에스빠냐	스페인
Japón	하뽄	일본
China	치나	중국
Estados Unidos	에스따도스 우니도스	미국
Inglaterra	잉글라떼라	영국
Francia	프란씨아	프랑스
Rusia	루시아	러시아
Tailandia	따일란디아	태국
Hungría	웅그리아	헝가리
Alemania	알레마니아	독일
Suiza	수이싸	스위스
Suecia	스웨씨아	스웨덴
Brasil	브라실	브라질
Paraguay	빠라구아이	파라과이
Colombia	꼴롬비아	콜롬비아
Chile	칠레	칠레
India	인디아	인도
Cánada	까나다	캐나다
Corea del Norte	꼬레아 델 노르떼	북한
Malasia	말라시아	말레이시아
Vietnam	비엣남	베트남
Argentina	아르헨띠나	아르헨티나
Dinamarca	디나마르까	덴마크
Holanda	올란다	네덜란드
Grecia	그레씨아	그리스

관련단어

Polonia	뽈로니아	폴란드
Finlandia	핀란디아	핀란드
Irlanda	일란다	아일랜드
Turquía	뚜르끼아	터키
Egipto	에힙또	이집트
Irán	이란	이란
Austria	아우스뜨리아	오스트리아
Mongolia	몽골리아	몽골
Camboya	깜보야	캄보디아
Filipinas	필리피나스	필리핀
Nueva Zelanda	누에바 쎌란다	뉴질랜드
Singapur	씽가뿌르	싱가포르
Arabia Saudita	아라비아 싸우디따	사우디아라비아
Portugal	뽀르뚜갈	포르투갈
Cuba	꾸바	쿠바
Hong Kong	옹꽁	홍콩
Indonesia	인도네시아	인도네시아
Irak	이라크	이라크
Israel	이스라엘	이스라엘
Laos	라오스	라오스
México	메히꼬	멕시코
Pakistán	빠끼스딴	파키스탄
Rumanía	루마니아	루마니아
República Checa	레뿌블리까 체까	체코
Italia	이딸리아	이탈리아
Kenia	께니아	케냐
Emiratos Árabes Unidos	에미라또스 아라베스 우니도스	아랍에미레이트

주요 도시명

Seúl	쎄울	서울
Madrid	마드리드	마드리드
Brasilia	브라실리아	브라질리아
Nueva York	누에바 욝	뉴욕
Estocolmo	에스또꼴모	스톡홀름
Pekín	뻬낀	북경
París	빠리스	파리
Moscú	모스꾸	모스크바
Lisboa	리스보아	리스본
Copenhague	꼬뻰아게	코펜하겐
Bruselas	부루셀라스	브뤼셀
Milán	밀란	밀라노
Londres	론드레스	런던
Tokio	또끼오	도쿄
Amsterdam	암스떼르담	암스테르담
Viena	비에나	비엔나
Roma	로마	로마
Praga	쁘라가	프라하
Estambul	에스땀불	이스탄불
Bangkok	방꼭	방콕
Yakarta	자까르따	자카르타
Manila	마닐라	마닐라
Dubai	두바이	두바이
Florencia	플로렌씨아	피렌체
Bagdad	바그닷	바그다드
Oslo	오슬로	오슬로

관련단어

직업

funcionario	푼씨오나리오	공무원
presidente	쁘레시덴떼	대통령
primer ministro	쁘리메르 미니스뜨로	수상, 총리
ministro	미니스뜨로	장관
diplomático	디쁠로마띠꼬	외교관
político	뽈리띠꼬	정치인
policía	뽈리씨아	경찰
militar	밀리따르	군인
juez	후에스	판사
profesor	쁘로뻬쏘르	교수, 선생님
doctor	독또르	의사
dentista	덴띠스따	치과의사
veterinario	베떼리나리오	수의사
enfermero	엔페르메로	간호사
farmacéutico	파르마쎄우띠꼬	약사
empleado	엠쁠레아도	회사원
banquero	방께로	은행원
contador	꼰따도르	회계사
científico	씨엔띠피코	과학자
traductor	뜨라둑또르	번역가
intérprete	인떼르쁘레떼	통역사
abogado	아보가도	변호사
periodista	뻬리오디스따	기자
piloto	삘로또	파일럿, 비행사
pintor	삔또르	화가
pastor	빠스또르	목사

empresarlo	엠쁘레사리오	사업가
jefe	헤페	사장
secretario	쎄끄레따리오	비서
artista	아르띠스따	예술가
poeta	뽀에따	시인
escritor	에스끄리또르	작가
músico	무씨꼬	음악가
fotográfo	포또그라포	사진사
compositor	꼼뽀씨또르	작곡가
jugador	후가도르	운동선수
cocinero	꼬씨네로	요리사
trabajador	뜨라바하도르	노동자
estudiante	에스뚜디안떼	학생
universitario	우니베르시따리오	대학생
director	디렉또르	영화감독
actor	악또르	배우
cantante	깐딴떼	가수
modelo	모델로	모델
ama de casa	아마 데 까사	주부
investigador	인베스띠가도르	연구원
peluquero	뻴루께로	미용사
guía	기아	여행가이드, 안내원
conductor	꼰둑또르	운전사
arquitecto	아르끼떽또	건축가
carpintero	까르삔떼로	목수
vendedor	벤데도르	판매원
técnico	떽니꼬	기술자
campesino	깜뻬씨노	농부

관련단어

diseñador	디쎄냐도르	디자이너
pescador	뻬스까도르	어부
jardinero	하르디네로	정원사
florista	플로리스따	플로리스트
barista	바리스따	바리스타
camarero	까마레로	웨이터

2장

시간과 날씨

1. 시간을 물을 때
2. 요일을 물을 때
3. 날짜를 물을 때
4. 시간에 관한 표현
5. 약속을 정할 때
6. 날씨 표현 1
7. 날씨 표현 2
8. 자연재해

Spanish

1. 시간을 물을 때

주요표현

A : ¿Qué hora es?
께 오라 에스

B : Son las dos.
쏜 라스 도스

A : 몇 시예요?

B : 두 시입니다.

지금 몇 시나 됐나요?

¿Qué hora es ahora?
께 오라 에스 아오라

10시 정각입니다.

Son las diez en punto.
쏜 라스 디에스 엔 뿐또

시간이 있습니까?

¿Está libre?
에스따 리브레

아니요. 2시 20분에 다른 약속이 있습니다.

No. Tengo otra cita a las dos y veinte.
노 뗑고 오뜨라 씨따 아 라스 도스 이 베인떼

일 끝나고 만납시다.

Nos vemos después del trabajo.
노스 베모스 데스뿌에스 델 뜨라바호

몇 시에 만날까요?

¿A qué hora nos vemos?
아 께 오라 노스 베모스

9시 15분에 만납시다.

Nos vemos a las nueve y cuarto.
노스 베모스 아 라스 누에베 이 꽈르또

8시 반에 만납시다.

Nos vemos a las ocho y media.
노스 베모스 아 라스 오초 이 메디아

너무 일러요. 6시에 만나요.

Es demasiado temprano. Nos vemos a las seis.
에스 데마시아도 뗌쁘라노 노스 베모스 아 라스 쎄이스

네, 그게 낫겠네요. 그때 봅시다.

Sí, es mejor. Nos vemos a esa hora.
씨 에스 메호르 노스 베모스 아 에싸 오라

▶시간 말하기

3시입니다.	Son las tres.
3시 15분입니다.	Son las tres y cuarto.
3시 30분입니다.	Son las tres y media.
4시 15분 전입니다.	Son las cuatro menos cuarto.

2. 요일을 물을 때

주요표현

A : ¿Qué día es hoy?
께 디아 에스 오이

B : Hoy es domingo.
오이 에스 도밍고

A : 오늘은 무슨 요일인가요?

B : 오늘은 일요일입니다.

지난 주말에 어디 가셨나요?

¿Adónde fue el pasado fin de semana?
아돈데 푸에 엘 빠사도 핀 데 세마나

지난 토요일에는 무엇을 하셨나요?

¿Qué hizo el sábado pasado?
께 이쏘 엘 싸바도 빠싸도

최근에 매우 바빴습니다.

Recientemente he estado muy ocupado.
레씨엔떼멘떼 에 에스따도 무이 오꾸빠도

이번 금요일까지 마칠 수 있습니까?

¿Puede terminar el trabajo para este viernes?
뿌에데 떼르미나르 엘 뜨라바호 빠라 에스떼 비에르네스

조금 어렵지만 월요일 내로 끝내겠습니다.

Es un poco difícil, pero lo terminaré antes del lunes.
에스 운 뽀꼬 디피씰 뻬로 로 떼르미나레 안떼스 델 루네스 다음 주까지는 끝내 주세요.

Termínelo antes de la próxima semana.

떼르미넬로 안떼스 데 라 쁘록씨마 쎄마나

최선을 다하겠습니다.

Voy a hacer todo lo posible.

보이 아 아쎄르 또도 로 뽀씨블레

약속합니다.

Se lo prometo.

쎄 로 쁘로메또

이 프로젝트를 마친 후에 휴가를 갈 거야.

Voy a disfrutar las vacaciones después del proyecto.

보이 아 디스프루따르 라스 바까씨오네스 데스뿌에스 델 쁘로옉또

넌 그럴 만한 자격이 있어.

Te lo mereces.

떼 로 메레쎄스

Te lo mereces.에는 두 가지 뜻이 있습니다. 예를 들어, 친구가 그간 많은 노력을 해서 시험을 잘 봤다면 '넌 그럴 만한 자격이 돼.'라는 뜻입니다. 반면 친구가 매일 놀다가 그 결과로 시험을 망쳤다면 '넌 그래도 싸다.', '그럴 만도 하지.'라는 의미가 됩니다. 문맥에 따라 달리 말할 수 있습니다.

주요표현

A : ¿A qué estamos hoy?
아 께 에스따모스 오이

B : Es siete de julio.
에스 씨에떼 데 훌리오

A : 오늘은 며칠인가요?

B : 7월 7일입니다.

오늘이 며칠이죠?

¿Qué fecha es hoy?
께 페차 에스 오이

오늘은 3월 9일입니다.

Hoy es nueve de marzo.
오이 에스 누에베 데 마르쏘

오늘이 5월 5일인가요?

¿Hoy es cinco de mayo?
오이 에스 씽꼬 데 마요

아니요, 오늘은 5월 6일입니다.

No. Hoy es seis de mayo.
노 오이 에스 쎄이스 데 마요

생일이 언제입니까?

¿Cuándo es tu cumpleaños?
꽌도 에스 뚜 꿈쁠레아뇨스

9월 20일입니다.

El veinte de septiembre.

엘 베인떼 데 셉띠엠브레

여름방학은 언제 시작합니까?

¿Cuándo empiezan las vacaciones de verano?

꽌도 엠삐에싼 라스 바까씨오네스 데 베라노

7월 말입니다.

A finales de julio.

아 피날레스 데 훌리오

신학기는 언제 시작합니까?

¿Cuándo empieza el nuevo semestre?

꽌도 엠삐에싸 엘 누에보 쎄메스뜨레

9월 초입니다.

A comienzos de septiembre.

아 꼬미엔쏘스 데 셉띠엠브레

▶Hoy es cinco de mayo. 오늘은 5월 5일입니다.

스페인어는 우리말과 반대로 날짜를 먼저 말합니다. 날짜 뒤에 전치사 de를 붙여 달을 말하면 됩니다. 달 앞에는 관사를 붙이지 않습니다.

주요표현

A : ¿Este reloj es correcto?
에스떼 렐로흐 에스 꼬렉또

B : Sí, es preciso.
씨 에스 쁘레씨소

A : 이 시계 맞아요?

B : 네, 정확합니다.

이 시계는 매우 정확합니다.

Este reloj es muy preciso.
에스떼 렐로흐 에스 무이 쁘레씨소

저는 아날로그 시계를 씁니다.

Uso un reloj analógico.
우소 운 렐로흐 아날로히꼬

저 시계는 10분 빠릅니다.

Aquel reloj se adelanta diez minutos.
아껠 렐로흐 쎄 아델란따 디에스 미누또스

그 시계는 5분 느립니다.

Ese reloj se atrasa cinco minutos.
에쎄 렐로흐 쎄 아뜨라싸 씽꼬 미누또스

시계에 문제가 있습니다.

El reloj tiene un problema.
엘 렐로흐 띠에네 운 쁘로블레마

배터리가 다 됐네요.

La batería se acabó.

라 바떼리아 쎄 아까보

배터리를 교환해 주세요.

Cambie la batería, por favor.

깜비에 라 바떼리아 뽀르 파보르

시계를 많이 가지고 계시는군요.

Tiene muchos relojes.

띠에네 무초스 렐로헤스

이 시계를 고쳐 주세요.

Arregle este reloj, por favor.

아레글레 에스떼 렐로흐 뽀르 파보르

수리하는 데 한 시간 정도 걸립니다.

Necesito una hora para repararlo.

네쎄시또 우나 오라 빠라 레빠라를로

주요표현

A : ¿Cuándo nos vemos?
꽌도 노스 베모스

B : ¿Puede venir aquí este fin de semana?
뿌에데 베니르 아끼 에스떼 핀 데 쎄마나

A : 언제 만나 뵐까요?

B : 이번 주말에 올 수 있어요?

시간 약속을 하고 싶은데요.

Quiero fijar la cita.
끼에로 피하르 라 씨따

상담사님과 약속을 잡고 싶습니다.

Me gustaría tener una cita con el consejero.
메 구스따리아 떼네르 우나 씨따 꼰 엘 꼰쎄헤로

몇 시에 만날까요?

¿A qué hora nos vemos?
아 께 오라 노스 베모스

오후에 댁을 방문해도 좋겠습니까?

¿Podría visitar su casa por la tarde?
뽀드리아 비시따르 쑤 까사 뽀르 라 따르데

오후에 집에 없을 겁니다.

No estaré en casa por la tarde.
노 에스따레 엔 까사 뽀르 라 따르데

내일 와 주세요.

Venga mañana por favor.
벵가 마냐나 뽀르 파보르

점심 이후 아무 때나요.

En cualquier momento después del almuerzo.
엔 꽐끼에르 모멘또 데스뿌에스 델 알무에르쏘

언제가 편하세요?

¿Cuándo le vendría bien?
꽌또 레 벤드리아 비엔

오늘 저녁에 뵐 수 있을까요?

¿Podemos vernos esta noche?
뽀데모스 베르노스 에스따 노체

죄송해요, 월요일은 안 되겠어요.

Lo siento, no puedo el lunes.
로 씨엔또 노 뿌에도 엘 루네스

3시 괜찮겠습니까?

¿A las tres está bien?
아 라스 뜨레스 에스따 비엔

다른 일 때문에 시간이 없습니다.

No tengo mucho tiempo por otras agendas.
노 뗑고 무초 띠엠뽀 뽀르 오뜨라스 아헨다스

주요표현

A : ¿Qué tiempo hace hoy?
께 띠엠뽀 아쎄 오이

B : Hace sol.
아쎄 쏠

A : 오늘 날씨가 어때요?

B : 쨍쨍합니다.

시원합니다.

Hace fresco.

아쎄 프레스꼬

폭풍우가 몰아칩니다.

Hay tormenta.

아이 또르멘따

덥습니다.

Hace mucho calor.

아쎄 무초 깔로르

바람이 붑니다.

Hace viento.

아쎄 비엔또

계속 비가 옵니다.

Sigue lloviendo.

씨게 요비엔도

날씨가 나쁩니다.

Hace mal tiempo.
아쎄 말 띠엠뽀

오늘은 춥습니다.

Hace mucho frío.
아쎄 무초 프리오

안개가 꼈습니다.

Está nublado.
에스따 누블라도

해가 쨍쨍합니다.

Hace mucho sol.
아쎄 무초 쏠

눈이 내리고 있습니다.

Está nevando.
에스따 네반도

스페인은 지형과 해류의 영향으로 지방마다 기후가 서로 다릅니다. 사계절이 분명하게 구분되는 편이지만, 지역에 따라 큰 차이를 보입니다. 북쪽 지역은 비가 많이 내리며 여름에 굉장히 더운 반면, 마드리드를 중심으로 한 중부 지역은 밤의 기온차가 심하며, 여름은 덥고 겨울은 추운 대륙성 기후입니다. 남부와 동부 등의 지중해 연안 지역은 한 해 동안 온난하며 건조한 지중해성 기후입니다.

7. 날씨 표현 2

주요표현

A : El meteorólogo dice que va a llover mañana.
엘 메떼오롤로고 디쎄 께 바 아 요베르 마냐나

B : No olvide el paraguas.
노 올비데 엘 빠라구아스

A : 일기예보에서 내일 비가 온다고 합니다.

B : 우산 잊지 말아요.

오늘 날씨가 어떨까요?

¿Cómo estará el tiempo hoy?
꼬모 에스따라 엘 띠엠뽀 오이

하늘이 갰습니다.

Está despejado.
에스따 데스뻬하도

오후는 흐릴 것입니다.

Estará nublado por la tarde.
에스따라 누블라도 뽀르 라 따르데

내일은 비가 온다고 합니다.

Se dice que va a llover mañana.
쎄 디쎄 께 바 아 요베르 마냐나

다음 주부터는 우기입니다.

Comenzará la temporada de lluvias desde la próxima semana.
꼬멘싸라 라 뗌뽀라다 데 유비아스 데스데 라 쁘록씨마 쎄마나

건기에는 비가 거의 안 와요.

No llueve mucho en la temporada seca.

노 유에비 무초 엔 라 뗌뽀라다 쎄까

일요일에는 태풍이 올 겁니다.

El tifón llegará el domingo.

엘 티폰 예가라 엘 도밍고

이곳 겨울은 춥습니까?

¿Hace frío en invierno aquí?

아쎄 프리오 엔 인비에르노 아끼

눈이 많이 올 것 같습니다.

Parece que va a nevar mucho.

빠레쎄 께 바 아 네바르 무초

안개가 잔뜩 꼈습니다.

Hay niebla densa.

아이 니에블라 덴싸

스페인이라고 하면 태양의 나라로, 무지하게 더울 것 같은 느낌을 받지만 사실 습도 차이 때문에 덥기는 우리나라와 비슷하다고 생각하면 됩니다. 7, 8월의 가장 붐비는 여름휴가 시즌보다는 날씨가 좋은 4~6월이나 9, 10월이 여행하기에 가장 적합한 때입니다. 그 시기에 여행을 하면 극심한 더위와 북적거리는 여행 인파를 피할 수 있습니다.

주요표현

A : Está lloviendo a cántaros.
에스따 요비엔도 아 깐따로스

B : Sí. Parece que la montaña se derrumbará.
씨 빠레쎄 께 라 몬따냐 쎄 데룸바라

A : 굉장한 비네요.

B : 그렇네요. 산이 무너질 것 같아요.

태풍이 상륙한다고 합니다.

El tifón aterriza este sábado.
엘 띠뽄 아떼리싸 에스떼 싸바도

태풍 피해는 없었습니까?

¿No hubo daño de tifón?
노 우보 다뇨 데 띠폰

바람이 무척 세게 붑니다.

El viento es muy fuerte.
엘 비엔또 에스 무이 푸에르떼

이 지역은 지진이 자주 발생합니다.

Los terremotos ocurren con frecuencia en esta región.
로스 떼레모또스 오꾸렌 꼰 프레꾸엔씨아 엔 에스따 레히온

해일의 위험은 없습니다.

No hay riesgo de tsunami.
노 아이 리에스고 데 쑤나미

작년에 홍수가 났어요.

Hubo una inundación el año pasado.

우보 우나 이눈다씨온 엘 아뇨 빠싸도

눈사태가 일어났습니다.

Se produjo una avalancha.

쎄 쁘로두호 우나 아발란차

가뭄이 계속되어서 농작물이 말라붙고 있습니다.

La sequía continua y los cultivos se secan.

라 쎄끼아 꼰띠누아 이 로스 꿀띠보스 쎄 쎄깐

지금 밖에는 천둥 번개가 칩니다.

Los truenos y rayos caen ahora.

로스 뜨루에노스 이 라요스 까엔 아오라

지독한 더위예요.

Hace un calor infernal.

아쎄 운 깔로르 인페르날

이런 안개에 나가는 건 위험합니다.

Es peligroso salir en una niebla así.

에스 뻴리그로쏘 쌀리르 엔 우나 니에블라 아씨

침수되었습니다.

Se ha inundado.

쎄 아 인운다도

관련단어

날씨

tiempo	띠엠뽀	날씨, 시간, 기간
pronóstico del tiempo 뽀로노스띠꼬 델 띠엠뽀		일기예보
temperatura	뗌뻬라뚜라	온도
sol	쏠	해
despejado	데스뻬하도	갠
luna	루나	달
estrella	에스뜨레야	별
nube	누베	구름
nublado	누블라도	구름 낀, 흐린
niebla	니에블라	안개
rocío	로씨오	이슬
lluvia	유비아	비
chaparrón	차빠론	소나기
diluvio	딜루비오	물난리, 폭우
inundación	인운다씨온	홍수
relámpago	렐람빠고	번개
trueno	뜨루에노	천둥
viento	비엔또	바람
ventoso	벤또쏘	바람 부는
huracán	우라깐	허리케인
tifón	띠폰	태풍
tornado	또르나도	토네이도
nieve	니에베	눈
hielo	이엘로	얼음
granizo	그라니쏘	우박

maremoto	마레모또	해일
terremoto	떼레모또	지진
humedad	우메닷	습도
humedo	우메도	습한
frío	프리오	추운, 찬
caluroso	깔루로쏘	더운
cálido	깔리도	따뜻한
fresco	프레스꼬	시원한
primavera	쁘리마베라	봄
verano	베라노	여름
otoño	오또뇨	가을
invierno	인비에르노	겨울

숫자(기수, 서수)

uno	우노	1
dos	도스	2
tres	뜨레스	3
cuatro	꽈뜨로	4
cinco	씽꼬	5
seis	쎄이스	6
siete	씨에떼	7
ocho	오초	8
nueve	누에베	9
diez	디에스	10
once	온쎄	11
doce	도쎄	12
trece	뜨레쎄	13

관련단어

catorce	까또르세	14
quince	낀쎄	15
dieciséis	디에씨쎄이스	16
diecisiete	디에씨씨에떼	17
dieciocho	디에씨오초	18
diecinueve	디에씨누에베	19
veinte	베인떼	20
treinta	뜨레인따	30
cuarenta	꽈렌따	40
cincuenta	씽꾸엔따	50
sesenta	쎄센따	60
setenta	쎄뗀따	70
ochenta	오첸따	80
noventa	노벤따	90
ciento	씨엔또	100
mil	밀	1000
diez mil	디에스 밀	10,000
cien mil	씨엔 밀	100,000
millón	미욘	1,000,000
primero	쁘리메로	첫 번째, 첫 번째의
segundo	쎄군도	두 번째, 두 번째의
tercero	떼르쎄로	세 번째, 세 번째의
cuarto	꽈르또	네 번째, 네 번째의
quinto	낀또	다섯 번째, 다섯 번째의
sexto	쎅스또	여섯 번째, 여섯 번째의
séptimo	쎕띠모	일곱 번째, 일곱 번째의
octavo	옥따보	여덟 번째, 여덟 번째의
noveno	노베노	아홉 번째, 아홉 번째의

décimo	데씨모	열 번째, 열 번째의

년, 월

año	아뇨	년
el año pasado	엘 아뇨 빠싸도	작년
este año	에스떼 아뇨	올해
el próximo año	엘 쁘록씨모 아뇨	내년
mes	메스	달
enero	에네로	1월
febrero	페브레로	2월
marzo	마르쏘	3월
abril	아브릴	4월
mayo	마요	5월
junio	후니오	6월
julio	훌리오	7월
agosto	아고스또	8월
septiembre	쎕띠엠브레	9월
octubre	옥뚜브레	10월
noviembre	노비엠브레	11월
diciembre	디씨엠브레	12월

날짜

semana	쎄마나	주
la semana pasada	라 쎄마나 빠싸다	지난 주
esta semana	에스따 쎄마나	이번 주
la próxima semana	라 쁘록씨마 쎄마나	다음 주

관련단어

domingo	도밍고	일요일
lunes	루네스	월요일
martes	마르떼스	화요일
miércoles	미에르꼴레스	수요일
jueves	후에베스	목요일
viernes	비에르네스	금요일
sábado	싸바도	토요일
día	디아	일
hoy	오이	오늘
mañana	마냐나	내일
ayer	아예르	어제
anteayer	안떼아예르	그저께
pasado mañana	빠싸도 마냐나	모레

시간

tiempo	띠엠뽀	시간, 때, 기간
mañana	마냐나	오전
tarde	따르데	오후
noche	노체	밤
mediodía	메디오디아	정오
medianoche	메디아노체	자정
segundo	쎄군도	초
minuto	미누또	분
hora	오라	시간

의견 · 감정 · 관심 3장

1. 긍정의 표현
2. 맞장구 치기
3. 부정의 표현
4. 기쁠 때
5. 기분이 좋지 않을 때
6. 화나거나 놀랐을 때
7. 실망, 불만일 때
8. 위로할 때
9. 칭찬할 때
10. 사과할 때
11. 감사할 때
12. 허락, 허가의 표현
13. 거절할 때
14. 부탁할 때
15. 외모에 대한 표현
16. 성격에 대한 표현
17. 호감을 나타낼 때

Spanish

1. 긍정의 표현

주요표현

A : Es un cantante fatal.
에스 운 깐딴떼 파딸

B : Estoy de acuerdo.
에스또이 데 아꾸에르도

A : 그는 형편없는 가수예요.
B : 저도 그렇게 생각합니다.

어떻게 생각하세요?

¿Qué le parece?
께 레 빠레쎄

네, 정말입니다.

Sí. En serio.
씨 엔 쎄리오

그렇게 생각합니다.

Pienso igual que usted.
삐엔쏘 이구알 께 우스뗏

찬성합니다.

Estoy a favor.
에스또이 아 파보르

완벽하게 이해했어요.

Lo comprendo por completo.
로 꼼쁘렌도 뽀르 꼼쁠레또

당연하죠.

Claro que sí.

끌라로 께 씨

좋은 의견입니다.

Buena opinión.

부에나 오삐니온

당신 말이 맞습니다.

Tiene razón.

띠에네 라쏜

잘 생각했어요.

Bien pensado.

비엔 뻰싸도

그럴 수도 있겠네요.

Puede ser.

뿌에데 쎄르

물론이죠.

Por supuesto.

뽀르 쑤뿌에스또

저도 동의합니다.

Estoy de acuerdo.

에스또이 데 아꾸에르도

주요표현

A : Tomas se va a casar el próximo mes.
또마스 쎄 바 아 까싸르 엘 쁘록씨모 메쓰

B : ¿En serio?
엔 쎄리오

A : 토마스가 다음 달에 결혼한대요.

B : 정말입니까?

더 얘기해 봐.

Cuéntame más.
꾸엔따메 마스

정확해요.

Definitivamente.
데피니띠바멘떼

완전 잘 듣고 있어.

Soy todo oídos.
쏘이 또도 오이도스

당연히 그렇죠.

Desde luego que sí.
데스데 루에고 께 씨

좋습니다.

Bueno.
부에노

100% 동의해요.

Estoy de acuerdo en un 100%.
에스또이 데 아꾸에르도 엔 운 씨엔 뽀르 씨엔또

제가 생각한 게 바로 그거예요.

Es exactamente lo que pienso.
에스 엑싹따멘떼 로 께 삐엔쏘

듣고 보니 당신 말이 맞네요.

Me has convencido.
메 아스 꼰벤씨도

진짜예요?

¿De veras?
데 베라스

맹세해요.

Lo juro.
로 후로

정말 좋은 생각 같아요.

Me parece que es una idea fantástica.
메 빠레쎄 께 에스 우나 이데아 판따스띠까

그 부분은 의심할 여지가 없어요.

No hay duda al respecto.
노 아이 두다 알 레스뻭또

주요표현

A : ¿Este número es correcto?
에스떼 누메로 에스 꼬렉또

B : No. Es incorrecto.
노 에스 인꼬렉또

A : 이 번호 맞습니까?

B : 아니요, 틀립니다.

전혀 다릅니다.

Es totalmente diferente.

에스 또딸멘떼 디페렌떼

아마 아닐 거예요.

Posiblemente no.

뽀씨블레멘떼 노

그렇게 생각하지 않습니다.

No lo creo.

노 로 끄레오

사실이 아닙니다.

No es verdad.

노 에스 베르닷

이제 됐습니다.

Ya está bastante.

야 에스따 바스딴떼

불가능합니다.

Es imposible.

에스 임뽀씨블레

그건 안 되겠어요.

Eso no puede ser.

에쏘 노 뿌에데 쎄르

뭐라고 대답해야 할지 모르겠네요.

No sé cómo responderle.

노 쎄 꼬모 레스뽄데를레

저는 그렇게 생각하지 않습니다.

No pienso así.

노 삐엔쏘 아씨

당신은 틀렸습니다.

Está equivocado.

에스따 에끼보까도

저는 반대입니다.

Estoy en contra.

에스또이 엔 꼰뜨라

거짓말하지 마.

No me mientas.

노 메 미엔따스

4. 기쁠 때

주요표현

A : He pasado el exámen.
에 빠싸도 엘 엑싸멘

B : ¡Felicidades por tus logros!
펠리씨다데스 뽀르 뚜스 로그로스

A : 저 시험에 붙었어요.

B : 해낸 걸 축하해!

저는 오늘 매우 기쁩니다.

Estoy muy feliz.

에스또이 무이 펠리쓰

축하합니다.

¡Felicidades!

펠리씨다데스

정말 대단해요!

¡Es increíble!

에스 인끄레이블레

감동했습니다.

Me quedé emocionado.

메 께데 에모씨오나도

이것은 정말 좋은 소식입니다.

Es una noticia maravillosa.

에스 우나 노띠씨아 마라비요싸

정말 기뻐요.

Me alegro de verdad.
메 알레그로 데 베르닷

이렇게 기쁠 수가 없어요.

No puedo ser más feliz.
노 뿌에도 쎄르 마스 펠리스

그거 다행이네요.

¡Qué bien!
께 비엔

기분 좋아.

Me siento bien.
메 씨엔또 비엔

드디어!

¡Al fin!
알 핀

운이 좋았어요.

Tuve buena suerte.
뚜베 부에나 쑤에르떼

다 잘되길 바랍니다.

Espero que todo vaya bien.
에스뻬로 께 또도 바야 비엔

5. 기분이 좋지 않을 때

주요표현

A : Mi abuelo falleció anoche.
미 아부엘로 파예씨오 아노체

B : Lo siento mucho.
로 씨엔또 무초

A : 어젯밤에 할아버지가 돌아가셨어요.

B : 유감이네요.

너무 슬퍼요.

Estoy muy triste.

에스또이 무이 뜨리스떼

마음이 아파요.

Me duele mucho el corazón.

메 두엘레 무초 엘 꼬라쏜

상황이 아주 나빠.

Las cosas están mal.

라스 꼬싸스 에스딴 말

날 신경 쓰지 마.

No me hagas caso.

노 메 아가스 까쏘

아무도 나를 이해 못해.

Nadie me comprende.

나디에 메 꼼쁘렌데

이미 지난 일이야. (이미 엎질러진 물이야.)

Es agua pasada.

에스 아구아 빠싸다

내 기분 풀어주려고 하지 마.

No intentes hacerme sentir mejor.

노 인뗀떼스 아쎄르메 쎈띠르 메호르

울고 싶어.

Quiero llorar.

끼에로 요라르

눈물이 안 멈춰.

No puedo parar de llorar.

노 뿌에도 빠라르 데 요라르

제 마음이 답답합니다.

Me siento frustrado.

메 씨엔또 프루스뜨라도

밤을 꼴딱 샜어요.

Me quedé despierto toda la noche.

메 께데 데스삐에르또 또다 라 노체

왜 저한테 화가 났어요?

¿Por qué está enfadado conmigo?

뽀르 께 에스따 엔파다도 꼰미고

6. 화나거나 놀랐을 때

주요표현

A : Me despidieron de mi trabajo.
메 데스삐디에론 데 미 뜨라바호

B : ¿De veras?
데 베라스

A : 저 직장에서 해고됐어요.

B : 정말이에요?

아, 놀랐어!

¡Qué susto!
께 쑤스또

깜짝 놀랐잖아요.

Me sorprendí.
메 쏘르쁘렌디

놀래키지 마.

No me sorprenda.
노 메 쏘르쁘렌다

금시초문인데요.

No lo he escuchado.
노 로 에 에스꾸차도

정말 믿을 수가 없네요.

No puedo creerlo.
노 뿌에도 끄레에를로

나 화났어.

Estoy enfadado.

에스또이 엔파다도

신경질 나.

Estoy molesto.

에스또이 몰레스또

하나도 안 웃겨.

No fue nada gracioso.

노 푸에 나다 그라씨오쏘

나 좀 혼자 내버려 둬.

Déjame solo.

데하메 쏠로

너 실망이야.

Me has desilusionado.

메 아스 데스일루씨오나도

날 더 기대하게 하지 마.

No me hagas más ilusiones.

노 메 아가스 마스 일루씨오네스

더 이상 참을 수 없어.

No puedo aguantar más.

노 뿌에도 아구안따르 마스

주요표현

A : Dios mio.
디오스 미오

B : ¿Qué pasó?
께 빠쏘

A : 아, 맙소사.

B : 무슨 일이야?

아, 큰일이다!

Oh, ¡Santo Dios!
오 싼또 디오스

이거 정말 싫어요.

Odio esto.
오디오 에스또

이거 별로다.

No es tan bueno.
노 에스 딴 부에노

어떡하지?

¿Qué puedo hacer?
께 뿌에도 아쎄르

놀랍다.

Es increíble.
에스 인끄레이블레

믿을 수 없어.

No me lo puedo creer.

노 메 로 뿌에도 끄레에르

이제 지겨워.

Estoy cansado de todo esto.

에스또이 깐싸도 데 또도 에스또

포기하지 않을 거야.

No me doy por vencido.

노 메 도이 뽀르 벤씨도

이제 더 이상 참을 수 없다.

No lo puedo soportar más.

노 로 뿌에도 쏘뽀르따르 마스

나를 괴롭히지 마.

No me molestes.

노 메 몰레스떼스

진정하세요.

Tranquilo.

뜨란낄로

우린 망한 거야.

Estamos arruinados.

에스따모스 아루이나도스

주요표현

A : ¿Porqué está deprimido?
뽀르께 에스따 데쁘리미도

B : Creo que metí la pata.
끄레오 께 메띠 라 빠따

A : 왜 풀이 죽어 있어요?

B : 실수한 것 같아서요.

문제가 생겼어요.

Estoy en problemas.

에스또이 엔 쁘로블레마스

유감입니다.

Lo siento.

로 씨엔또

힘내세요!

¡Ánimo!

아니모

넌 용기 있는 사람이잖아.

Eres valiente.

에레스 발리엔떼

실망하지 마.

No te desanimes.

노 떼 데스아니메스

화내지 마.

No te enojes.
노 떼 에노헤스

겁내지 말아요.

No tenga miedo.
노 뗑가 미에도

슬퍼하지 마.

No estés triste.
노 에스떼스 뜨리스떼

기회는 많아요.

Hay muchas oportunidades.
아이 무차스 오뽀르뚜니다데스

인생을 긍정적으로 보세요.

Mire el lado positivo de la vida.
미레 엘 라도 뽀씨띠보 데 라 비다

신경 쓰지 말아요.

No te preocupes.
노 떼 쁘레오꾸뻬스

내가 있잖아.

Cuentas conmigo.
꾸엔따스 꼰미고

주요표현

A : Lo he cocinado yo.
로 에 꼬씨나도 요

B : ¡Genial! Se ve rico.
헤니알 쎄 베 리꼬

A : 이거 제가 요리했어요.

B : 멋지네요. 맛있어 보여요.

대단하네요!

¡Fenomenal!
페노메날

훌륭하네요!

¡Excelente!
엑쎌렌떼

네가 최고야.

Eres de lo mejor.
에레스 데 로 메호르

당신은 정말 친절하시네요.

Es muy amable por su parte.
에스 무이 아마블레 뽀르 수 빠르떼

잘했습니다.

Buen trabajo.
부엔 뜨라바호

나는 당신이 자랑스럽습니다.

Estoy orgulloso de usted.
에스또이 오르구요쏘 데 우스뗏

네게서 좋은 향기 난다.

Hueles muy bien.
우엘레스 무이 비엔

옷을 정말 잘 입는다.

Te vistes muy bien.
떼 비스떼스 무이 비엔

오늘 너무 아름답다.

Te ves muy hermosa hoy.
떼 베스 무이 에르모사 오이

난 널 믿어.

Confío en tí.
꼰피오 엔 띠

넌 정말 재미있어.

Eres muy divertido.
에레스 무이 디베르띠도

늘 너한테 많이 배운다.

Siempre aprendo mucho de tí.
씨엠쁘레 아쁘렌도 무초 데 띠

---

10. 사과할 때

주요표현

A : Ana, ¿qué pasó?
아나 께 빠쏘

B : Disculpe. Me levanté muy tarde.
디스꿀뻬 메 레반떼 무이 따르데

A : 아나, 어떻게 된 거야?

B : 죄송합니다. 늦잠을 잤습니다.

미안합니다.

Lo siento.

로 씨엔또

늦어서 미안합니다.

Siento llegar tarde.

씨엔또 예가르 따르데

알람을 듣지 못했습니다.

No oí el despertador.

노 오이 엘 데스뻬르따도르

용서를 구합니다.

Le pido disculpas.

레 삐도 디스꿀빠스

제 잘못입니다.

Es mi culpa.

에스 미 꿀빠

제 실수입니다.

Es mi error.

에스 미 에로르

같은 실수를 반복하지 않겠습니다.

No voy a repetir los mismos errores.

노 보이 아 레뻬띠르 로스 미스모스 에로레스

괜찮아요.

Está bien.

에스따 비엔

걱정 마.

No te preocupes.

노 떼 쁘레오꾸뻬스

아무 문제도 아니에요.

No pasa nada.

노 빠사 나다

11. 감사할 때

주요표현

A : Gracias.
그라씨아스

B : De nada.
데 나다

A : 감사합니다.

B : 천만에요.

고마워.

Gracias.
그라씨아스

대단히 감사합니다.

Muchas gracias.
무차스 그라씨아스

여러분께 감사를 드립니다.

Les agradezco a ustedes.
레스 아그라데스꼬 아 우스떼데스

도와주셔서 감사합니다.

Gracias por su apoyo.
그라씨아스 뽀르 쑤 아뽀요

선물 감사합니다.

Gracias por su regalo.
그라씨아스 뽀르 쑤 레갈로

가르침에 감사합니다.

Gracias por su enseñanza.

그라씨아스 뽀르 쑤 엔세냔싸

천만에요.

De nada.

데 나다

당신 덕분입니다.

Gracias a usted.

그라씨아스 아 우스뗏

아무것도 아니에요.

Es nada.

에스 나다

뭘요.

¿De qué?

데 께

▶De nada. 천만에요.

nada는 대명사로, 부정문에서 사용하며 '아무것[아무 일]도 (~없다, ~않다)' 라는 의미입니다.

No sé nada. 나는 아무것도 모른다.

No compro nada. 나는 아무것도 사지 않는다.

De nada.는 '천만에요.'라는 뜻으로 쓰이는 관용 표현입니다.

주요표현

A : ¿Está bien si conduzco lentamente?
에스따 비엔 씨 꼰두스꼬 렌따멘떼

B : No, es peligroso. Detenga.
노 에스 뻴리그로쏘 데뗑가

A : 천천히 운전해도 되겠지요?

B : 아니요, 위험해요. 차 세워요.

여기서 담배 피워도 됩니까?

¿Podría fumar aquí?
뽀드리아 푸마르 아끼

여기서 먹지 마세요.

No coma aquí.
노 꼬마 아끼

흡연구역입니다.

Es zona de fumadores.
에스 쏘나 데 푸마도레스

여기서 사진 찍어도 됩니까?

¿Podría sacar una foto aquí?
뽀드리아 싸까르 우나 포또 아끼

여기는 사진 촬영이 금지되어 있습니다.

Está prohibido tomar fotos aquí.
에스따 쁘로이비도 또마르 포또스 아끼

사진 찍지 마세요.

No tome la foto.

노 또메 라 포또

잔디를 밟지 마세요.

No pise el césped.

노 삐쎄 엘 쎄스뻿

주차 금지.

Prohibido aparcar.

쁘로이비도 아빠르까르

통행 금지.

Prohibido el paso.

쁘로이비도 엘 빠쏘

관계자 외 출입 금지.

Solo personal autorizado.

쏠로 뻬르쏘날 아우또리싸도

13. 거절할 때

주요표현

A : ¿Puedo sacar la foto aquí?
뿌에도 싸까르 라 포또 아끼

B : No. Está prohibido.
노 에스따 쁘로이비도

A : 여기서 사진 찍어도 됩니까?

B : 아니요. 금지되어 있습니다.

제가 오늘은 너무 바빠요.

Hoy estoy muy ocupado.
오이 에스또이 무이 오꾸빠도

죄송하지만 오늘은 약속이 있어서요.

Lo siento. Tengo otra cita hoy.
로 씨엔또 뗑고 오뜨라 씨따 오이

유감스럽지만 갈 수 없습니다.

Lamentablemente, hoy no puedo ir ahí.
라멘따블레멘떼 오이 노 뿌에도 이르 아이

나도 그러고 싶은데 다른 계획이 있어.

Me encantaría, pero tengo otros planes.
메 엔깐따리아 뻬로 뗑고 오뜨로스 쁠라네스

미안. 다음에.

Lo siento. La próxima vez.
로 씨엔또 라 쁘록씨마 베스

조금 어려울 것 같습니다.

Lo veo un poco difícil.

로 베오 운 뽀꼬 디피씰

농담으로라도 안 돼요.

No, ni en chiste.

노 니 엔 치스떼

생각할 시간이 필요해요.

Necesito un tiempo para considerarlo.

네쎄씨또 운 띠엠뽀 빠라 꼰씨데라를로

내일 답을 드리겠습니다.

Le daré la respuesta mañana.

레 다레 라 레스뿌에스따 마냐나

14. 부탁할 때

주요표현

A : ¿Podría prestarme diez dólares?
뽀드리아 쁘레스따르메 디에스 돌라레스

B : Sí, aquí están.
씨 아끼 에스딴

A : 10달러 빌릴 수 있습니까?

B : 그럼요, 여기 있습니다.

이 전화 써도 되나요?

¿Podría usar este teléfono?
뽀드리아 우싸르 에스떼 뗄레포노

네, 공짜예요.

Sí, es gratis.
씨 에스 그라띠스

이 사전 빌릴 수 있습니까?

¿Podría prestarme este diccionario?
뽀드리아 쁘레스따르메 에스떼 딕씨오나리오

네, 이걸 빌려드리겠습니다.

Sí, te lo presto.
씨 떼 로 쁘레스또

아니요, 그럴 수 없어요. 미안합니다.

No, no puedo. Lo siento.
노 노 뿌에도 로 씨엔또

휴대폰 빌려주실 수 있습니까?

¿Podría prestarme su celular?
뽀드리아 쁘레스따르메 쑤 쎌룰라르

네, 그러세요.

Sí, claro.
씨 끌라로

돈을 빌려줄게.

Te presto dinero.
떼 쁘레스또 디네로

얼마나 필요합니까?

¿Cuánto dinero necesita?
꽌또 디네로 네쎄시따

급합니다.

Es urgente.
에스 우르헨떼

▸prestar 빌려주다

prestar는 '빌려주다'라는 뜻 외에도 '돕다, (주의를) 기울이다' 등의 뜻이 있습니다.

prestar dinero 돈을 빌려주다
prestar atención 주의를 기울이다
prestar asistencia 원조를 하다(돕다)

15. 외모에 대한 표현

주요표현

A : ¿Quién es aquel hombre gordo?
끼엔 에스 아껠 옴브레 고르도

B : Es mi jefe.
에스 미 헤페

A : 저 뚱뚱한 사람은 누구입니까?

B : 제 상사예요.

당신의 여자 친구는 어떤 사람이에요?

¿Cómo es su novia?
꼬모 에스 쑤 노비아

그녀는 날씬합니다.

Es delgada.
에스 델가다

그녀는 피부가 곱습니다.

Tiene una piel bonita.
띠에네 우나 삐엘 보니따

나에게는 세상에서 제일 아름다운 여자예요.

Para mí es la mujer más hermosa que existe.
빠라 미 에스 라 무헤르 마스 에르모사 께 엑시스떼

그녀는 재밌고 유머감각이 있어요.

Es divertida y tiene sentido del humor.
에스 디베르띠다 이 띠에네 쎈띠도 델 우모르

당신은 체중이 어떻게 되나요?

¿Cuánto pesa usted?

꽌또 뻬싸 우스뗏

나는 날씬한 배를 가지고 싶어요.

Quiero tener un abdomen plano.

끼에로 떼네르 운 압도멘 쁠라노

나는 뚱뚱합니다.

Soy gordo.

쏘이 고르도

키가 어떻게 되세요?

¿Cuánto mide?

꽌또 미데

저는 176센티미터입니다.

Mido 1,76 metros.

미도 우노 꼬마 쎄뗀따 이 쎄이스 메뜨로스

나는 키가 큽[작습]니다.

Soy alto[bajo].

쏘이 알또[바호]

그는 매우 잘생겼습니다.

Él es muy guapo.

엘 에스 무이 구아뽀

16. 성격에 대한 표현

주요표현

A : ¿Cómo es Alejandro?
꼬모 에스 알레한드로

B : Es muy amable.
에스 무이 아마블레

A : 알레한드로는 어떤 사람입니까?

B : 굉장히 친절한 사람입니다.

그의 성격은 어떻습니까?

¿Cómo es él?
꼬모 에스 엘

마음이 따뜻한 사람이에요.

Es simpático.
에스 심빠띠꼬

저랑 잘 안 맞아요.

No me cae bien.
노 메 까에 비엔

그녀는 성격이 조금 급해요.

Ella es un poco impaciente.
에야 에스 운 뽀꼬 임빠씨엔떼

완벽주의자입니다.

Es perfeccionista.
에스 뻬르펙씨오니스따

그는 정말 차가운 사람이야.

Es una persona tan fría.

에스 우나 뻬르쏘나 딴 프리아

저는 사교적이에요.

Soy sociable.

쏘이 쏘씨아블레

그녀는 유머감각이 좋아.

Ella tiene buen sentido del humor.

에야 띠에네 부엔 쎈띠도 델 우모르

그는 늘 트집을 잡아요.

Él siempre busca tres pies al gato.

엘 씨엠쁘레 부스까 뜨레스 삐에스 알 가또

당신들은 서로 잘 맞을 것 같아요.

Creo que se caerán muy bien.

끄레오 께 쎄 까에란 무이 비엔

우리는 개방적인 사람들이야.

Somos gente abierta.

쏘모스 헨떼 아비에르따

나는 당신이 생각하는 것보다 강한 사람이야.

Soy una persona más fuerte de lo que piensa.

쏘이 우나 뻬르쏘나 마스 푸에르떼 데 로 께 삐엔싸

주요표현

A : Daniel, ¿estás libre ahora?
다니엘 에스따스 리브레 아오라

B : Sí, ¿por qué?
씨 뽀르 께

A : 다니엘 씨, 지금 시간 있어요?

B : 네, 왜요?

오늘 저녁 시간 있어요?

¿Estás libre esta noche?
에스따스 리브레 에스따 노체

무슨 일이에요?

¿Qué pasó?
께 빠쏘

저녁 식사 같이합시다.

Vamos a cenar juntos.
바모스 아 쎄나르 훈또스

무엇을 먹을까요?

¿Qué vamos a comer?
께 바모스 아 꼬메르

와인 한잔 해요.

Vamos a tomar vino.
바모스 아 또마르 비노

당신한테 첫눈에 반했어요.

Me he enamorado de ti a primera vista.

메 에 에나모라도 데 띠 아 쁘리메라 비스따

당신을 사랑해요.

Te amo.

떼 아모

나랑 사귈래요?

¿Quisieras salir conmigo?

끼씨에라스 쌀리르 꼰미고

저는 싱글이 아니에요.

No estoy soltero.

노 에스또이 쏠떼로

저는 결혼했어요.

Estoy casado.

에스또이 까싸도

저는 여자친구가 있어요.

Tengo novia.

뗑고 노비아

질투하나요?

¿Estás celoso?

에스따스 쎌로쏘

관련단어

감정 표현

emoción	에모씨온	감정
sentimiento	센띠미엔또	느낌
amor	아모르	사랑
feliz	펠리쓰	행복한
agradable	아그라다블레	즐거운
alegre	알레그레	기쁜
sorprendente	쏘르쁘렌덴떼	놀라운
hermoso	에르모쏘	아름다운
fantástico	판따스띠꼬	환상적인
guapo	구아뽀	예쁜
bueno	부에노	좋은
bonito	보니또	귀여운
atractivo	아뜨락띠보	매력적인
nervioso	네르비오쏘	긴장한
celoso	쎌로쏘	질투심이 강한
malo	말로	나쁜
infeliz	인펠리스	불행한
llorar	요라르	울다
reírse	레이르쎄	웃다
triste	뜨리스떼	슬픈
horrible	오리블레	공포스러운
ascoso	아스꼬쏘	역겨운
odioso	오디오쏘	미운
enfadado	엔파다도	화난
depresivo	데쁘레씨보	우울한
miserable	미쎄라블레	비참한

desesperado	데스에스뻬라노	절망적인
trágico	뜨라히꼬	비극적인
lamentable	라멘따블레	슬픈
contento	꼰뗀또	만족스러운
divertido	디베르띠도	재미있는
terrible	떼리블레	끔찍한
doloroso	돌로로쏘	비통한
desagradable	데싸그라다블레	불쾌한
solitario	쏠리따리오	고독한
decepcionado	데쎕씨오나도	실망한
enamorado	에나모라도	사랑에 빠진

외모

apariencia	아빠리엔씨아	외모
hermoso	에르모쏘	아름다운
guapo	구아뽀	잘생긴
feo	페오	못생긴
atractivo	아뜨락띠보	매력적인
sexy	쎅씨	섹시한
bonito	보니또	귀여운
gordo	고르도	뚱뚱한
delgado	델가도	마른
rubio	루비오	금발의
moreno	모레노	밤색인
alto	알또	키 큰
bajo	바호	키가 작은
viejo	비에호	나이가 많은

관련단어

joven	호벤	젊은
limpio	림삐오	깨끗한
sucio	쑤씨오	더러운
esbelto	에스벨또	날씬한
calvo	깔보	대머리의
barbudo	바르부도	수염이 많은
De mediana edad	데 메디아나 에닷	중년의
afeitado	아페이따도	면도한
bello	베요	아름다운

4장 일상생활

1. 학교 생활
2. 회사 생활
3. 주거
4. 휴가 계획
5. 취미 생활
6. 스포츠
7. 위급할 때
8. 병원에서
9. 약국에서
10. 우체국에서
11. 미용실에서
12. 도서관에서
13. 은행에서
14. 극장에서

주요표현

A : ¿Cómo va a la escuela?
꼬모 바 아 라 에스꾸엘라

B : Tomo el autobús o el metro.
또모 엘 아우또부스 오 엘 메뜨로

A : 학교는 어떻게 가십니까?

B : 버스나 지하철로 갑니다.

스쿨버스로 갑니다.

Voy en autobús de la escuela.
보이 엔 아우또부스 데 라 에스꾸엘라

우리는 걸어서 학교에 갑니다.

Vamos a pie a la escuela.
바모스 아 삐에 아 라 에스꾸엘라

자전거로 갑니다.

Voy en bicicleta.
보이 엔 비씨끌레따

학교에 데려다 주실 수 있나요?

¿Puede llevarme a la escuela?
뿌에데 예바르메 아 라 에스꾸엘라

당신이 다니는 학교는 공립입니까?

¿La escuela a dónde va es pública?
라 에스꾸엘라 아 돈데 바 에스 뿌블리까

학교가 집에서 먼가요?

¿La escuela está lejos de su casa?
라 에스꾸엘라 에스따 레호스 데 쑤 까사

아니요, 여기서 가깝습니다.

No, está cerca de aquí.
노 에스따 쎄르까 데 아끼

거기 가는 데 10분밖에 안 걸려요.

Solo se tardan diez minutos en llegar.
쏠로 쎄 따르단 디에스 미누또스 엔 예가르

도서관은 어디에 있습니까?

¿Dónde está la biblioteca?
돈데 에스따 라 비블리오떼까

캠퍼스 중간에 있습니다.

Está en el centro del campus.
에스따 엔 엘 쎈뜨로 델 깜뿌스

▶a pie와 de pie

전치사 하나로 뜻이 달라지는 숙어입니다. a pie는 '걸어서'이고, de pie는 '서서'라는 뜻입니다.

Voy a pie. 나는 걸어간다.

Estoy de pie. 나는 서 있다.

주요표현

A : He trabajado aquí desde hace diez años.
에 뜨라바하도 아끼 데스데 아쎄 디에스 아뇨스

B : Es muy trabajador.
에스 무이 뜨라바하도르

A : 입사한 지 10년입니다.
B : 성실한 직원이시군요.

언제 취직했어요?

¿Cuándo entró en esta empresa?
꽌도 엔뜨로 엔 에스따 엠쁘레싸

여기 입사한 지 얼마나 됐나요?

¿Hace cuánto tiempo que trabaja aquí?
아쎄 꽌또 띠엠뽀 께 뜨라바하 아끼

여기서 몇 년 동안 일하고 계세요?

¿Durante cuántos años trabaja aquí?
두란떼 꽌또스 아뇨스 뜨라바하 아끼

출장은 자주 가세요?

¿Viaja por trabajo frecuentemente?
비아하 뽀르 뜨라바호 프레꾸엔떼멘떼

아니요, 일년에 한 번 갑니다.

No, solo una vez al año.
노 쏠로 우나 베스 알 아뇨

1년에 휴가는 며칠이나 됩니까?

¿Cuántos días de vacaciones tiene al año?

꽌또스 디아스 데 바까씨오네스 띠에네 알 아뇨

2주일간 유급 휴가가 있습니다.

Tenemos dos semanas de vacaciones pagadas al año.

떼네모스 도스 쎄마나스 데 바까씨오네스 빠가다스 알 아뇨

일은 마음에 드세요?

¿Le gusta su trabajo?

레 구스따 쑤 뜨라바호

내 일을 좋아합니다.

Me gusta mi trabajo.

메 구스따 미 뜨라바호

저는 이 일이 싫습니다.

No me gusta este trabajo.

노 메 구스따 에스떼 뜨라바호

그만 둘 겁니다.

Voy a dejar el trabajo.

보이 아 데하르 엘 뜨라바호

주요표현

A : ¿Cuán grande es su casa?
꽌 그란데 에스 쑤 까사

B : Cincuenta y ocho metros cuadrados.
씽꾸엔따 이 오초 메뜨로스 꽈드라도스

A : 집이 얼마나 넓어요?

B : 약 58제곱미터입니다.

전통 한옥입니다.

Es una casa tradicional coreana.
에스 우나 까사 뜨라디씨오날 꼬레아나

조용한 환경에 위치해 있어요.

Está situado en un entorno muy tranquilo.
에스따 씨뚜아도 엔 운 엔또르노 무이 뜨란낄로

저는 시골에 살아요.

Vivo en una zona rural.
비보 엔 우나 쏘나 루랄

정원이 아름답습니다.

Su jardín es muy hermoso.
쑤 하르딘 에스 무이 에르모소

우리는 자기 전에 여기서 차를 마셔요.

Tomamos un té antes de dormir.
또마모스 운 떼 안떼스 데 도르미르

집에 빛이 잘 들어요.

El piso tiene mucha luz.

엘 삐소 띠에네 무차 루쓰

주방은 어디입니까?

¿Dónde está la cocina?

돈데 에스따 라 꼬씨나

저쪽에 있습니다.

Está por allá.

에스따 뽀르 아야

방은 몇 개입니까?

¿Cuántas habitaciones hay?

꽌따스 아비따씨오네스 아이

침실이 2개 있습니다.

Tenemos dos dormitorios.

떼네모스 도스 도르미또리오스

방이 넓고 깨끗하네요.

La sala es amplia y limpia.

라 쌀라 에스 암쁠리아 이 림삐아

창문이 정원 쪽으로 나 있어요.

La ventana da al patio.

라 벤따나 다 알 빠띠오

4. 휴가 계획

주요표현

A : ¿Qué hará en las vacaciones?
께 아라 엔 라스 바까씨오네스

B : Voy a viajar al extranjero.
보이 아 비아하르 알 엑스뜨랑헤로

A : 휴가 때 무엇을 하실 생각입니까?

B : 해외 여행을 갈 겁니다.

좋은 휴가 계획 있습니까?

¿Tiene algún buen plan para vacaciones?
띠에네 알군 부엔 쁠란 빠라 바까씨오네스

휴가는 어떻게 보내실 겁니까?

¿Cómo pasará las vacaciones?
꼬모 빠싸라 라스 바까씨오네스

며칠간 휴가입니까?

¿Cuántos días de vacaciones tiene?
꽌또스 디아스 데 바까씨오네스 띠에네

일주일 쉽니다.

Descanso una semana.
데스깐쏘 우나 쎄마나

가족과 함께 멕시코 관광을 할 계획입니다.

Estoy planeando un viaje por México con mi familia.
에스또이 쁠라네안도 운 비아헤 뽀르 메히꼬 꼰 미 파밀리아 칠레에 갑니다.

Voy a ir a Chile.

보이 아 이르 아 칠레

유람선 여행을 즐길 겁니다.

Disfrutaré un viaje en barco.

디스프루따레 운 비아헤 엔 바르꼬

일 때문에 쉬지 못합니다.

No puedo descansar por trabajo.

노 뿌에도 데스깐싸르 뽀르 뜨라바호

집에서 푹 쉴 겁니다.

Descansaré en casa.

데스깐싸레 엔 까싸

온종일 TV를 봅니다.

Veo la televisión todo el día.

베오 라 뗄레비씨온 또도 엘 디아

제 생각엔 그게 최고의 휴식 같아요.

Creo que es el mejor descanso.

끄레오 께 에스 엘 메호르 데스깐쏘

여가시간에 무엇을 하세요?

¿Qué hace en el tiempo libre?

께 아쎄 엔 엘 띠엠뽀 리브레

주요표현

A : ¿Cuál es tu hobby?
꽐 에스 뚜 호비

B : A mí me gusta dibujar.
아 미 메 구스따 디부하르

A : 취미가 무엇입니까?

B : 저는 그림 그리기를 좋아해요.

어떤 스포츠를 좋아하세요?

¿Qué deporte te gusta?
께 데뽀르떼 떼 구스따

저는 축구 하는 것을 좋아합니다.

Me gusta el fútbol.
메 구스따 엘 풋볼

매주 축구를 합니다.

Juego a fútbol cada semana.
후에고 아 풋볼 까다 쎄마나

저는 야구를 좋아합니다.

Me gusta el béisbol.
메 구스따 엘 베이스볼

저는 친구들과 골프를 칩니다.

Practico el golf con mis amigos.
쁘락띠꼬 엘 골프 꼰 미스 아미고스

산에서 걷는 걸 좋아해요.

Me gusta pasear por la montaña.
메 구스따 빠쎄아르 뽀르 라 몬따냐

우리는 수영장에서 수영을 합니다.

Nadamos en la piscina.
나다모스 엔 라 삐스씨나

파티에 가는 걸 좋아하세요?

¿Le gusta salir de fiesta?
레 구스따 쌀리르 데 피에스따

친구들과 여행을 갑니다.

Viajo con mis amigos.
비아호 꼰 미스 아미고스

제일 좋아하는 스포츠는 무엇인가요?

¿Cuál es su deporte favorito?
꽐 에스 쑤 데뽀르떼 파보리또

노래하기를 좋아해요.

Me encanta cantar.
메 엔깐따 깐따르

저는 컴퓨터 게임 중독이에요.

Soy adicto a los juegos de ordenador.
쏘이 아딕또 아 로스 후에고 데 오르데나도르

주요표현

A : ¿Puede nadar?
뿌에데 나다르

B : Sí. Pero es difícil.
씨 뻬로 에스 디피씰

A : 수영할 수 있어요?

B : 네. 하지만 어려워요.

매우 잘하시네요.

Muy bien.
무이 비엔

스페인어를 조금 할 수 있습니다.

Hablo un poco de español.
아블로 운 뽀꼬 데 에스빠뇰

언제 시작했어요?

¿Cuándo empezó?
꽌도 엠뻬쏘

작년에요.

El año pasado.
엘 아뇨 빠싸도

연습하면 더 좋아질 겁니다.

Mejorará con la práctica constante.
메호라라 꼰 라 쁘락띠까 꼰스딴떼

계속 연습할 겁니다.

Voy a seguir practicando.

보이 아 쎄기르 쁘락띠깐도

좋은 결과를 기대합니다.

Espero buenos resultados.

에스뻬로 부에노스 레술따도스

매주 일요일 축구를 합니다.

Juego a fútbol todos los domingos.

후에고 아 풋볼 또도스 로스 도밍고스

저는 야구를 잘해요.

Soy bueno en béisbol.

쏘이 부에노 엔 베이스볼

축구를 그렇게 좋아하지는 않아요.

No soy muy amante del fútbol.

노 쏘이 무이 아만떼 델 풋볼

주요표현

A : ¿Dónde le duele?
돈데 레 두엘레

B : Tengo fiebre.
뗑고 피에브레

A : 어디가 아프세요?

B : 열이 나요.

몸이 아파요.

Estoy mal.
에스또이 말

입원해야 합니까?

¿Tengo que hospitalizarme?
뗑고 께 오스삐딸리싸르메

바로 여기가 아파요.

Me duele aquí.
메 두엘레 아끼

오한이 나요.

Tengo escalofríos.
뗑고 에스깔로프리오스

구역질이 나고 아무것도 못 먹겠어요.

Tengo náuseas y no puedo comer nada.
뗑고 나우쎄아스 이 노 뿌에도 꼬메르 나다

감기 걸렸습니다.

Tengo un resfriado.
뗑고 운 레스프리아도

목이 아파요.

Tengo dolor de garganta.
뗑고 돌로르 데 가르간따

기침이 멈추지 않아요.

No puedo parar de toser.
노 뿌에도 빠라르 데 또쎄르

계속 재채기가 나와요.

Continúo estornudando.
꼰띠누오 에스또르누단도

콧물이 너무 많이 나요.

Tengo mucho flujo nasal.
뗑고 무초 플루호 나쌀

주사 놓겠습니다.

Te pondré una inyección.
떼 뽄드레 우나 인옉씨온

많이 아프세요?

¿Le duele mucho?
레 두엘레 무초

주요표현

A : ¿Tiene un medicamento para el dolor de cabeza?
띠에네 운 메디까멘또 빠라 엘 돌로르 데 까베싸

B : Sí, tenemos. Un momento, por favor.
씨 떼네모스 운 모멘또 뽀르 파보르

A : 두통약 있습니까?

B : 네, 있습니다. 잠시만 기다려 주세요.

이 처방전대로 약 주세요.

Deme el medicamento según esta prescripción.
데메 엘 메디까멘또 쎄군 에스따 쁘레스끄립씨온

이 약 처방전 없이 살 수 있습니까?

¿Puedo comprar esto sin prescripción?
뿌에도 꼼쁘라르 에스또 씬 쁘레스끄립씨온

감기약 있습니까?

¿Tiene medicamento para el resfriado?
띠에네 메디까멘또 빠라 엘 레스프리아도

소화제를 부탁합니다.

Deme un digestivo.
데메 운 디헤스띠보

이 소화제는 언제 먹습니까?

¿Cuándo debo tomar este digestivo?
꽌도 데보 또마르 에스떼 디헤스띠보

이 약은 우유랑 먹지 마세요.

No tome este medicamento con leche.

노 또메 에스떼 메디까멘또 꼰 레체

이 약을 식후에 드세요.

Tome este medicamento después de comer.

또메 에스떼 메디까멘또 데스뿌에스 데 꼬메르

이 약을 먹을 때 특별히 따라야 할 식단이 있나요?

¿Qué dieta especial debo seguir mientras tomo este medicamento?

께 디에따 에스뻬씨알 데보 쎄기르 미엔뜨라스 또모 에스떼 메디까멘또

한 번에 세 알씩 드세요.

Tome tres pastillas por una vez.

또메 뜨레스 빠스띠야스 뽀르 우나 베스

부작용은 없나요?

¿No hay efectos secundarios?

노 아이 에펙또스 쎄꾼다리오스

약 먹는 걸 깜빡하면 어떡해야 하죠?

¿Qué tengo que hacer si me olvido de tomar una dosis?

께 뗑고 께 아쎄르 씨 메 올비도 데 또마르 우나 도씨스

9. 우체국에서

주요표현

A : Me gustaría enviar este paquete a Corea.
메 구스따리아 엔비아르 에스떼 빠께떼 아 꼬레아

B : ¿Por avión?
뽀르 아비온

A : 이 짐을 한국으로 부치려고 하는데요.

B : 항공편입니까?

편지를 부쳐 주세요.

Quiero enviar esta carta.
끼에로 엔비아르 에스따 까르따

이 소포를 마드리드까지 부쳐 주세요.

Necesito mandar este paquete a Madrid, por favor.
네쎄씨또 만다르 에스떼 빠께떼 아 마드릿 뽀르 파보르

독일에 도착하는 데 얼마나 걸립니까?

¿Cuánto tardará en llegar a Alemania?
꽌또 따르다라 엔 예가르 아 알레마니아

도착하는 데 이틀 내지 사흘 걸려요.

Llegará en dos o tres días.
예가라 엔 도스 오 뜨레스 디아스

적어도 사흘은 걸려요.

Tardan tres días al mínimo.
따르단 뜨레스 디아스 알 미니모

봉투를 저울에 올려주세요.

Ponga el sobre en la balanza, por favor.
뽕가 엘 쏘브레 엔 라 발란싸 뽀르 파보르

등기우편으로 보내려고 하는데요.

Me gustaría enviarlo por correo certificado.
메 구스따리아 엔비아를로 뽀르 꼬레오 쎄르띠피까도

내용물은 뭡니까?

¿Cuál es el contenido?
꽐 에스 엘 꼰떼니도

봉투에 우표를 붙이세요.

Ponga un sello en el sobre.
뽕가 운 쎄요 엔 엘 쏘브레

우체통이 어디 있나요?

¿Dónde está el buzón?
돈데 에스따 엘 부쏜

이 서류를 작성해 주세요.

Rellene este formulario.
레예네 에스떼 포르물라리오

이 소포를 포장해 주세요.

Envuelva este paquete, por favor.
엔부엘바 에스떼 빠께떼 뽀르 파보르

주요표현

A : ¿Qué le gustaría?
께 레 구스따리아

B : Quiero que me corte un poco.
끼에로 께 메 꼬르떼 운 뽀꼬

A : 어떻게 해드릴까요?

B : 조금만 잘라주세요.

얼마나 잘라드릴까요?

¿Cómo de corto lo quiere?
꼬모 데 꼬르또 로 끼에레

머리색을 어둡게 하고 싶어요.

Quiero oscurecer el cabello.
끼에로 오스꾸레쎄르 엘 까베요

조금만 다듬어 주세요.

Solo un corte de pelo, por favor.
쏠로 운 꼬르떼 데 뻴로 뽀르 파보르

스타일을 바꾸고 싶은데요.

Quiero un cambio de look.
끼에로 운 깜비오 데 룩

머리 상하지 않게 염색하고 싶어요.

Quiero teñirme el pelo sin maltratarlo.
끼에로 떼니르메 엘 뻴로 씬 말뜨라따를로

왁스를 어떻게 바르는지 알려주세요.

Enséñeme cómo aplicar la gomina.

엔쎄녜메 꼬모 아쁠리까르 라 고미나

자연스럽게 파마해 주세요.

Hágame la permanente de forma natural.

아가메 라 뻬르마넨떼 데 포르마 나뚜랄

눈썹을 다듬어 주세요.

Quiero que me arregle las cejas.

끼에로 께 메 아레글레 라스 쎄하스

턱수염 좀 잘라주시겠어요?

¿Podría recortarme la barba, por favor?

뽀드리아 레꼬르따르메 라 바르바 뽀르 파보르

앞머리 잘라드릴까요?

¿Quiere que le deje flequillo?

끼에레 께 레 데헤 플레끼요

앞머리가 아주 잘 어울리세요.

Le queda muy bien el flequillo.

레 께다 무이 비엔 엘 플레끼요

다 됐습니다. 마음에 드세요?

Está listo. ¿Le gusta?

에스따 리스또 레 구스따

주요표현

A : ¿Cuántos libros puedo tomar prestado?
꽌또스 리브로스 뿌에도 또마르 쁘레스따도

B : Hasta cinco libros.
아스따 씽꼬 리브로스

A : 책은 몇 권까지 빌릴 수 있습니까?

B : 5권까지 빌릴 수 있습니다.

책을 빌리고 싶습니다.

Quiero pedir prestado este libro.
끼에로 뻬디르 쁘레스따도 에스떼 리브로

아무데나 앉으시면 됩니다.

Puede sentarse en cualquier lugar.
뿌에데 센따르쎄 엔 꽐끼에르 루가르

일주일간 빌릴 수 있습니다.

Puede pedirlo prestado por una semana.
뿌에데 뻬디를로 쁘레스따도 뽀르 우나 쎄마나

이 양식을 채워주세요.

Rellene este formulario, por favor.
레에네 에스떼 포르물라리오 뽀르 파보르

책을 언제 반납해야 합니까?

¿Cuándo debo devolver el libro?
꽌도 데보 데볼베르 엘 리브로

4권 이상은 빌릴 수 없습니다.

No puede tomar prestados más de cuatro libros.

노 뿌에데 또마르 쁘레스따도스 마스 데 꽈뜨로 리브로스

늦게 반납하면 벌금을 내야 합니다.

Si lo devuelve tarde, debe pagar la multa.

씨 로 데부엘베 따르데 데베 빠가르 라 물따

그 책은 대출 중입니다.

El libro no está disponible.

엘 리브로 노 에스따 디스뽀니블레

예약해 드릴까요?

¿Quiere hacer la reserva por este libro?

끼에레 아쎄르 라 레쎄르바 뽀르 에스떼 리브로

여기 앉아도 되나요?

¿Podría sentarme aquí?

뽀드리아 센따르메 아끼

여기는 제 자리입니다.

Este asiento es el mío.

에스떼 아씨엔또 에스 엘 미오

다른 도서관에 있는 책을 신청할 수 있나요?

¿Puedo solicitar libros de otras bibliotecas?

뿌에도 솔리씨따르 리브로스 데 오뜨라스 비블리오떼까스

주요표현

A : ¿Tiene alguna cuenta bancaria de aquí?
띠에네 알구나 꾸엔따 방까리아 데 아끼

B : Sí, tengo una.
씨 뗑고 우나

A : 여기 계좌 갖고 계세요?

B : 네, 하나 있어요.

돈을 찾겠습니다.

Quiero retirar el dinero.

끼에로 레띠라르 엘 디네로

이 수표를 현금으로 바꿔주세요.

Quiero cambiar este cheque en billetes.

끼에로 깜비아르 에스떼 체께 엔 비예떼스

예금 계좌가 있습니다.

Tengo una cuenta de ahorro.

뗑고 우나 꾸엔따 데 아오로

여기 제 통장입니다.

Aquí está mi libreta de ahorros.

아끼 에스따 미 리브레따 데 아오로스

예금하겠습니다.

Quiero depositar el dinero.

끼에로 데뽀씨따르 엘 디네로

계좌를 개설하겠습니다.

Quiero abrir una cuenta.

끼에로 아브리르 우나 꾸엔따

오늘 환율은 어떻게 됩니까?

¿Cuál es la tasa de cambio hoy?

꽐 에스 라 따싸 데 깜비오 오이

환율은 매일 바뀝니다.

El tipo de cambio varia diariamente.

엘 띠뽀 데 깜비오 바리아 디아리아멘떼

얼마를 바꿔 드릴까요?

¿Cuánto quiere cambiar?

꽌또 끼에레 깜비아르

이 지폐를 동전으로 바꿔 주세요.

Quiero cambiar este billete en monedas.

끼에로 깜비아르 에스떼 비예떼 엔 모네다스

서울에 송금하겠습니다.

Quiero enviar el dinero a Seúl.

끼에로 엔비아르 엘 디네로 아 쎄울

스페인은 벨라스케스, 고야, 호안 미로, 달리와 피카소 등 수많은 예술가들을 배출해 낸 곳으로, 풍부한 문화 유산을 자랑합니다. 마드리드의 프라도 미술관과 레이나소피아 국립미술관 등을 방문하게 된다면 꼭 작품 설명을 들어보세요.

주요표현

A : ¿A qué hora empieza la película?
아 께 오라 엠삐에싸 라 뻴리꿀라

B : Empieza a las tres y media.
엠삐에싸 아 라스 뜨레스 이 메디아

A : 몇 시에 시작합니까?

B : 세 시 반에 시작합니다.

어디서 표를 삽니까?

Quiero dos entradas, por favor.
끼에로 도스 엔뜨라다스 뽀르 파보르

학생 할인되나요?

¿Hay algún descuento para estudiantes?
아이 알군 데스꾸엔또 빠라 에스뚜디안떼스

지금 어떤 영화가 상영되고 있습니까?

¿Qué echan en el cine?
께 에찬 엔 엘 씨네

이 영화 봤어?

¿Has visto esta película?
아스 비스또 에스따 뻴리꿀라

누가 나오지?

¿Quién actúa?
끼엔 악뚜아

팝콘 살까?

¿Compramos palomitas?

꼼쁘라모스 빨로미따스

영화는 몇 시에 끝나나요?

¿A qué hora termina la película?

아 께 오라 떼르미나 라 뻴리꿀라

내가 본 영화 중에 최고다.

Es la mejor película que he visto.

에스 라 메호르 뻴리꿀라 께 에 비스또

그는 아주 좋은 배우야.

Es muy buen actor.

에스 무이 부엔 악또르

이곳의 입장료는 얼마입니까?

¿Cuánto valen las entradas?

꽌또 발렌 라스 엔뜨라다스

앞에서 가까운 자리에 앉고 싶어요.

Me gustaría sentarme cerca del frente.

메 구스따리아 센따르메 쎄르까 델 프렌떼

영어자막 있나요?

¿Tiene subtítulos en inglés?

띠에네 숩띠뚤로스 엔 잉글레스

관련단어

직위, 부서

posición	뽀씨씨온	지위
presidente	쁘레씨덴떼	회장, 대통령
vicepresidente	비쎄쁘레씨덴떼	부회장, 부통령
director	디렉또르	이사, ~장
director ejecutivo	디렉또르 에헤꾸띠보	경영책임자
dirigente	디리헨떼	간부, 매니저
plantilla	쁠란띠야	직원
empleador	엠쁠레아도르	고용주
empleado	엠쁠레아도	고용된, 직원
departamento	데빠르따멘또	부서
sede	쎄데	본사, 본부
accionista	악씨오니스따	주주
mayorista	마요리스따	도매업자
minorista	미노리스따	소매업자
departamento de recursos humanos 데빠르따멘또 데 레꾸르쏘스 우마노스		인사부
departamento de ventas 데빠르따멘또 데 벤따스		판매부
departamento de compras 데빠르따멘또 데 꼼쁘라스		구매부
departamento de planificación 데빠르따멘또 데 쁠라니피까씨온		기획부
departamento de finanzas 데빠르따멘또 데 피난싸스		재정부
departamento de marketing 데빠르따멘또 데 말께띵		마케팅부

취미, 스포츠

hobby	호비	취미
película	뻴리꿀라	영화
música	무씨까	음악
foto	포또	사진
cocina	꼬씨나	요리
ejercicio	에헤르씨씨오	운동
golf	골프	골프
béisbol	베이스볼	야구
fútbol	풋볼	축구
baloncesto	발론쎄스또	농구
bolos	볼로스	볼링
esquí	에스끼	스키
yoga	요가	요가
natación	나따씨온	수영
pesca	뻬스까	낚시
viaje	비아헤	여행
alpinismo	알삐니스모	등산

병 관련

dolor de cabeza	돌로르 데 까베싸	두통
dolor de estómago	돌로르 데 에스또마고	복통
dolor de diente	돌로르 데 디엔떼	치통
dolor de espalda	돌로르 데 에스빨다	요통
resfriado	레스프리아도	감기
influenza	인플루엔싸	독감

관련단어

tos	또스	기침
mareo	마레오	멀미
vomitar	보미따르	토하다
diarrea	디아레아	설사
estreñimiento	에스뜨레니미엔또	변비
herida	에리다	부상, 상처
doler	돌레르	아프다
torcerse	또르쎄르쎄	삐다
derrame	데라메	출혈
quemadura	께마두라	화상
sangre	쌍그레	피
hipertensión	이뻬르뗀씨온	고혈압
hipotensión	이뽀뗀씨온	저혈압
hospital	오스삐딸	병원
paciente	빠씨엔떼	환자
tratamiento	뜨라따미엔또	치료
farmacia	파르마씨아	약국

전화

5장

1. 전화를 걸 때

주요표현

A : Hola, ¿es la casa de Isabel?
올라 에스 라 까사 데 이사벨

B : Sí. ¿Con quién hablo?
씨 꼰 끼엔 아블로

A : 이사벨 씨 댁인가요?

B : 네. 누구시죠?

여보세요.

Dígame.
디가메

전화벨이 울려요.

El teléfono está sonando.
엘 뗄레포노 에스따 쏘난도

누구세요?

¿De parte de quién?
데 빠르떼 데 끼엔

마누엘과 통화할 수 있나요?

¿Podría hablar con Manuel?
뽀드리아 아블라르 꼰 마누엘

전데요.

Soy yo.
쏘이 요

카를로스 씨와 통화하고 싶은데요.

Quisiera hablar con el Sr. Carlos.

끼씨에라 아블라르 꼰 엘 쎄뇨르 까를로스

10분 후 다시 전화해 주세요.

Vuelva a llamar diez minutos más tarde.

부엘바 아 야마르 디에스 미누또스 마스 따르데

마리엘라 씨 계십니까?

¿Está Mariela?

에스따 마리엘라

마리엘라 씨 부탁합니다.

Con la Sra. Mariela, por favor.

꼰 라 쎄뇨라 마리엘라 뽀르 파보르

내일 아침 모임 때문에 전화했어.

Te llamé por la reunión de mañana por la mañana.

떼 야메 뽀르 라 레우니온 데 마냐나 뽀르 라 마냐나

주요표현

A : Con la Sra. Valentina, por favor.
꼰 라 쎄뇨라 발렌띠나 뽀르 파보르

B : Espérame, por favor.
에스뻬라메 뽀르 파보르

A : 발렌티나 씨 부탁합니다.

B : 기다리세요.

전화 받아요.

Contesta al teléfono.

꼰떼스따 알 뗄레포노

잠시만 기다려 주세요.

Un momento, por favor.

운 모멘또 뽀르 파보르

끊지 말고 기다려 주세요.

Quédate en la línea.

께다떼 엔 라 리네아

전화 왔어요.

Tengo una llamada para usted.

뗑고 우나 야마다 빠라 우스뗏

루이스, 전화 받아.

Luis, te llama por el teléfono.

루이스 떼 야마 뽀르 엘 뗄레포노

바꿔 드릴게요.

Le paso.

레 빠쏘

좀 천천히 말씀해 주세요.

Hable más despacio, por favor.

아블레 마스 데스빠씨오 뽀르 파보르

잘 안 들려요.

No le escucho bien.

노 레 에스꾸초 비엔

듣고 있어.

Te escucho.

떼 에스꾸초

성함을 말씀해 주세요.

Dígame su nombre.

디가메 쑤 놈브레

스페인어를 사용하는 국가들이 많은 만큼, 전화 걸 때나 받을 때 '여보세요?'를 의미하는 스페인어 표현들도 다양합니다. 나라마다 Aló, Hola, Bueno, Sí, Diga… 등의 표현을 사용합니다.

주요표현

A : ¿Podría hablar con la Sra. Sofía?
뽀드리아 아블라르 꼰 라 쎄뇨라 소피아

B : Está ausente ahora.
에스따 아우쎈떼 아오라

A : 소피아 씨와 통화 가능한가요?

B : 지금 부재중입니다.

사무실을 막 나갔습니다.

Acabó de salir de la oficina.
아까보 데 쌀리르 데 라 오피씨나

병가 중입니다.

Está de baja por enfermedad.
에스따 데 바하 뽀르 엔페르메닷

출산 휴가 중입니다.

Está de baja por maternidad.
에스따 데 바하 뽀르 마떼르니닷

그는 지금 회의 중입니다.

Está en una reunión.
에스따 엔 우나 레우니온

그녀는 휴가 중입니다.

Ella está de vacaciones.
에야 에스따 데 바까씨오네스

사장님은 언제 돌아옵니까?

¿Cuándo vuelve el director?

꽌도 부엘베 엘 디렉또르

그녀와 어떻게 연락할 수 있나요?

¿Cómo puedo contactar con ella?

꼬모 뿌에도 꼰딱따르 꼰 에야

나중에 전화 주세요.

Llame más tarde, por favor.

야메 마스 따르데 뽀르 파보르

번호가 어떻게 되세요?

¿Cuál es su número?

꽐 에스 쑤 누메로

집에 안 계십니다.

No está en casa.

노 에스따 엔 까싸

주요표현

A : Ella no está aquí.
에야 노 에스따 아끼

B : Quiero dejar un mensaje.
끼에로 데하르 운 멘싸헤

A : 그녀는 지금 자리에 안 계신데요.

B : 메시지를 남기겠습니다.

메시지를 남기겠습니까?

¿Le gustaría dejar algún mensaje?
레 구스따리아 데하르 알군 멘싸헤

누구시죠?

¿Con quién hablo?
꼰 끼엔 아블로

말씀하세요.

Dígame.
디가메

페르난도 씨가 전화했어요.

El señor Fernando le ha llamado.
엘 쎄뇨르 페르난도 레 아 야마도

제가 나중에 전화할게요.

Llamaré más tarde.
야마레 마스 따르데

저에게 전화해 달라고 전해 주세요.

Dígale que me llame.

디갈레 께 메 야메

잘못 거셨습니다.

Tiene el número equivocado.

띠에네 엘 누메로 에끼보까도

오늘 늦을 거라고 전해 줘.

Dile que hoy llegaré tarde.

딜레 께 오이 예가레 따르데

나 기다리지 말라고 전해 줘.

Dile que no me espere.

딜레 께 노 메 에스뻬레

나중에 전화 주세요.

Llame más tarde, por favor.

야메 마스 따르데 뽀르 파보르

5. 기타 전화 상황

주요표현

A : ¿A qué número ha llamado?
아 께 누메로 아 야마도

B : Perdón, me he equivocado de número.
뻬르돈 메 에 에끼보까도 데 누메로

A : 몇 번에 거셨어요?

B : 죄송해요. 잘못 걸었어요.

잘 안 들리네요.

No le oigo bien.
노 레 오이고 비엔

더 크게 말해 주세요.

¿Podría hablar más fuerte?
뽀드리아 아블라르 마스 푸에르떼

다시 한번 말씀해 주시겠습니까?

¿Me lo podría repetir, por favor?
메 로 뽀드리아 레뻬띠르 뽀르파보르

끊지 말고 기다려 주세요.

Manténgase a la escucha, por favor.
만뗑가쎄 아 라 에스꾸차 뽀르 파보르

나중에 문자할게요.

Te escribo un mensaje luego.
떼 에스끄리보 운 멘싸헤 루에고

철자를 말씀해 주시겠어요?

¿Me lo podría deletrear, por favor?

메 로 뽀드리아 델레뜨레아르 뽀르 파보르

전화해 주셔서 감사합니다.

Gracias por su llamada.

그라씨아스 뽀르 쑤 야마다

언제 다시 전화드리면 될까요?

¿Cuándo es un buen momento para volver a llamar?

꽌도 에스 운 부엔 모멘또 빠라 볼베르 아 야마르

전화를 끊어야겠네요.

Tengo que colgar.

뗑고 께 꼴가르

메세지 잘 받았어요.

He recibido bien su mensaje.

에 레씨비도 비엔 쑤 멘싸헤

길거리에서 공중전화를 사용하게 될 경우 스페인 사람들은 대부분 통화를 길게 하므로 인내와 끈기를 가지고 통화가 끝날 때까지 기다려야 합니다. "통화 좀 짧게 합시다."라는 식으로 말해서는 안 됩니다.

관련단어

기타 전화, 휴대폰

central telefónico	쎈뜨랄 뗄레포니꼬	전화국
operador móvil	오뻬라도르 모빌	통신사
llamada local	야마다 로깔	시내전화
llamada de larga distancia	야마다 데 라르가 디스딴씨아	장거리전화
llamada internacional	야마다 인떼르나씨오날	국제전화
prefijo	쁘레피호	지역번호
tarjeta de teléfono	따르헤따 데 뗄레포노	전화카드
móvil / celular	모빌 / 쎌룰라르	휴대전화
mensaje	멘싸헤	문자 메시지
alarma	알라르마	알람
itinerancia(roaming)	이띠네란씨아	로밍
teléfono público	뗄레포노 뿌블리꼬	공중전화
llamada a cobro revertido	야마다 아 꼬브로 레베르띠도	콜렉트콜
videollamada	비데오야마다	영상통화

초대 · 방문 · 축하

6장

1. 초대할 때
2. 방문할 때
3. 손님을 맞이할 때
4. 식사를 대접할 때
5. 손님을 배웅할 때
6. 축하의 표현
7. 신년, 기념일 축하

1. 초대할 때

주요표현

A : ¿Está libre este sábado?
에스따 리브레 에스떼 싸바도

B : Sí, ¿por qué?
씨 뽀르 께

A : 이번 주 토요일에 시간 있어요?

B : 네, 왜요?

우리 집에 초대하고 싶어요.

Quiero invitarle a mi casa.

끼에로 인비따를레 아 미 까사

제 생일 파티에 초대할게요.

Te invito a mi fiesta de cumpleaños.

떼 인비또 아 미 피에스따 데 꿈쁠레아뇨스

축하 파티를 하려고 합니다.

Voy a hacer una fiesta para celebrar.

보이 아 아쎄르 우나 피에스따 빠라 쎌레브라르

남편과 함께 와 주세요.

Venga con su esposo.

벵가 꼰 쑤 에스뽀소

축하합니다. 파티에 꼭 가겠습니다.

Felicitaciones. Estaré en la fiesta.

펠리씨따씨오네스 에스따레 엔 라 피에스따

초대해 주셔서 감사합니다.

Gracias por la invitación.

그라씨아스 뽀르 라 인비따씨온

파티가 몇 시에 시작하나요?

¿A qué hora empieza la fiesta?

아 께 오라 엠삐에싸 라 피에스따

토요일 저녁 6시에 오세요.

Venga a las 6 pm del sábado.

벵가 아 라스 쎄이스 뻬에메 델 싸바도

도와 드릴까요?

¿Te ayudo?

떼 아유도

아닙니다, 참석만 해주세요.

No gracias, su participación es suficiente.

노 그라씨아스 쑤 빠르띠씨빠씨온 에스 쑤피씨엔떼

▶Gracias por la invitación. 초대해 주셔서 감사합니다.

Gracias por~는 '~에 대해 감사하다', Gracias a~는 '~에게 감사하다'라는 표현입니다.

Gracias por la comida. 잘 먹겠습니다. / 잘 먹었습니다.

Gracias a ti. (너에게) 고마워.

주요표현

A : Disculpe.
디스꿀뻬

B : Buenos días, Sr. Kim. Adelante.
부에노스 디아스 쎄뇨르 낌 아델란떼

A : 실례합니다.

B : 안녕하세요, 김 선생. 들어오세요.

마리엘라 씨 뵐 수 있을까요?

¿Puedo ver a Mariela?

뿌에도 베르 아 마리엘라

마리엘라 씨 지금 댁에 계십니까?

¿Está Mariela en casa?

에스따 마리엘라 엔 까사

회의를 취소해야 할 것 같아요.

Me temo que tengo que cancelar la reunión.

메 떼모 께 뗑고 께 깐쎌라르 라 레우니온

갑자기 일이 생겼어요.

Ha surgido un imprevisto.

아 쑤르히도 운 임쁘레비스또

월요일에 시간 되세요?

¿Está disponible el lunes?

에스따 디스뽀니블레 엘 루네스

우리 집에 오신 걸 환영합니다.

Bienvenido a mi casa.

비엔베니도 아 미 까사

늦어서 죄송합니다.

Perdón por llegar tarde.

뻬르돈 뽀르 예가르 따르데

괜찮습니다. 이쪽으로 오세요.

Está bien. Venga aquí.

에스따 비엔 벵가 아끼

제가 방해가 되지 않기 바랍니다.

Espero no molestarle.

에스뻬로 노 몰레스따를레

아닙니다. 또 뵙게 되어 반갑습니다.

No. Mucho gusto verle de nuevo.

노 무초 구스또 베를레 데 누에보

disculpe, perdón은 영어의 Excuse me.에 해당하는 '실례합니다.'라는 표현으로, 복잡한 길에서 사람들 사이를 지나가야 하거나 모임에서 먼저 자리를 뜰 때, 또는 상대방의 말을 잘 못 알아들어 다시 한번 말해 달라고 요청할 때에 사용합니다.

주요표현

A : Disculpa por llegar tarde.
디스꿀빠 뽀르 예가르 따르데

B : Sr. Kim. Está bien.
쎄뇨르 낌 에스따 비엔

A : 늦어서 미안합니다.

B : 김 선생, 괜찮아요.

초대해 주셔서 감사합니다.

Gracias por invitarme.
그라씨아스 뽀르 인비따르메

와 줘서 기뻐요.

Gracias por venir aquí.
그라씨아스 뽀르 베니르 아끼

오래 기다리게 했습니다.

Perdón por hacerte esperarme mucho.
뻬르돈 뽀르 아쎄르떼 에스뻬라르메 무초

아닙니다, 제일 먼저 오셨습니다.

No, usted llegó primero.
노 우스뗏 예고 쁘리메로

외투 받아드릴까요?

¿Me da su abrigo?
메 다 쑤 아브리고

이건 단지 작은 선물입니다.

Es un pequeño regalo.

에스 운 뻬께뇨 레갈로

감사합니다. 이건 제가 꼭 원했던 것입니다.

Gracias. Es justo lo que quería.

그라씨아스 에스 후스또 로 께 께리아

이리 앉으세요.

Siéntese aquí.

씨엔떼쎄 아끼

내 집이다 생각하세요.

Mi casa es su casa.

미 까사 에스 쑤 까사

아이들은 잘 있습니까?

¿Cómo están sus hijos?

꼬모 에스딴 쑤스 이호스

4. 식사를 대접할 때

주요표현

A : Buen provecho.
부엔 쁘로베초

B : Gracias.
그라씨아스

A : 많이 드세요.

B : 감사합니다.

건배! 우리의 건강을 위하여!

¡Salud por nuestra salud!
쌀룻 뽀르 누에스뜨라 쌀룻

이 음식 맛있겠군요.

Se ve rico.
쎄 베 리꼬

그거 조금만 주시겠어요?

¿Me da un poco de eso?
메 다 운 뽀꼬 데 에쏘

요리 솜씨가 좋으시네요.

Cocina muy bien.
꼬씨나 무이 비엔

냅킨 좀 주세요.

Tráigame la servilleta.
뜨라이가메 라 쎄르비예따

저는 아무거나 잘 먹습니다.

Puedo comer cualquier tipo de comida.

뿌에도 꼬메르 꽐끼에르 띠뽀 데 꼬미다

내가 제일 좋아하는 겁니다.

Es mi favorito.

에스 미 파보리또

매운 음식을 좋아합니다.

Me gusta la comida picante.

메 구스따 라 꼬미다 삐깐떼

이거 어떻게 먹어요?

¿Cómo puedo comer esto?

꼬모 뿌에도 꼬메르 에스또

먹어 보겠습니다.

Voy a probarlo.

보이 아 쁘로바를로

주요표현

A : Hasta luego.
아스따 루에고

B : Cuídese.
꾸이데쎄

A : 그만 가 보겠습니다.

B : 살펴 가십시오.

시간이 늦었습니다.

Es muy tarde.
에스 무이 따르데

이제 가야겠습니다.

Tengo que ir ahora.
뗑고 께 이르 아오라

좀 더 있다 가세요.

Quédese más tiempo.
께데쎄 마스 띠엠뽀

페이스북으로 연락해 주세요.

Contácteme por facebook.
꼰딱떼메 뽀르 페이스북

식사 준비해 주셔서 감사합니다.

Gracias por la comida.
그라씨아스 뽀르 라 꼬미다

조만간 다시 뵙기 바랍니다.

Espero que nos veamos pronto.

에스뻬로 께 노스 베아모스 쁘론또

운전 조심하세요.

Tenga cuidado al conducir.

뗑가 꾸이다도 알 꼰두씨르

역까지 안내해 드리겠습니다.

Les voy a guiar hasta la estación.

레스 보이 아 기아르 아스따 라 에스따씨온

언제든 들르세요.

Venga cuando quiera.

벵가 꽌도 끼에라

부모님께 안부 전해 주세요.

Salude a sus padres de mi parte.

쌀루데 아 쑤스 빠드레스 데 미 빠르떼

6. 축하의 표현

주요표현

A : ¡Feliz año nuevo!
펠리스 아뇨 누에보

B : Gracias, igualmente para usted.
그라씨아스 이구알멘떼 빠라 우스뗏

A : 새해 복 많이 받으세요.

B : 당신도요.

메리 크리스마스!

¡Feliz navidad!
펠리스 나비닷

해피 발렌타인!

¡Feliz día de San valentín!
펠리스 디아 데 싼 발렌띤

생일 축하해요!

¡Feliz cumpleaños!
펠리스 꿈쁠레아뇨스

축하해요!

¡Felicidades!
펠리씨다데스

축하해요!

¡Enhorabuena!
엔오라부에나

기념일 축하해요!

¡Feliz aniversario!

펠리스 아니베르싸리오

신의 가호가 있기를!

¡Que dios le bendiga!

께 디오스 레 벤디가

행운이 있기를!

¡Suerte!

쑤에르떼

정말 잘됐네요!

¡Qué bien!

께 비엔

당신이 잘돼서 기뻐요.

Me alegro por usted.

메 알레그로 뽀르 우스뗏

모든 게 잘되기를 빕니다!

¡Espero que todo salga bien!

에스뻬로 께 또도 쌀가 비엔

행복한 하루 보내시기 바랍니다.

Qué tenga buen día.

께 뗑가 부엔 디아

---

7. 축복과 기원

주요표현

A : ¡Feliz Año Nuevo!
펠리스 아뇨 누에보

B : Espero que todo salga bien en el año Nuevo.
에스뻬로 께 또도 쌀가 비엔 엔 엘 아뇨 누에보

A : 새해 복 많이 받으세요.

B : 새해에는 모든 일이 뜻하시는 대로 되길!

새해에는 더욱 건강하시기 바랍니다.

Deseo que este año esté lleno de salud.
데쎄오 께 에스떼 아뇨 에스떼 예노 데 쌀룻

새해에는 생각하시는 일이 잘되기를 바랍니다.

Espero que le vaya todo bien este año.
에스뻬로 께 레 바야 또도 비엔 에스떼 아뇨

행복한 한 해 되기를 기원합니다.

Le deseo un feliz Año Nuevo.
레 데쎄오 운 펠리스 아뇨 누에보

올해는 우리에게 기쁜 일만 가득했으면 좋겠다.

Espero que este año nos traiga muchas alegrías.
에스뻬로 께 에스떼 아뇨 노스 뜨라이가 무차스 알레그리아스

신께서 너를 축복하시길!

¡Que Dios te bendiga!
께 디오스 떼 벤디가

오늘이 특별하고 멋진 하루가 되기를!

¡Que hoy sea un día especial y maravilloso!

께 오이 쎄아 운 디아 에스뻬씨알 이 마라비요쏘

당신의 가정에 영원히 행복이 있기를!

¡Que la felicidad en su hogar reine por siempre!

께 라 펠리씨닷 엔 쑤 오가르 레이네 뽀르 씨엠쁘레

바라는 바 뜻대로 이루시길 바랍니다.

Espero que todos sus sueños se hagan realidad.

에스뻬로 께 또도스 쑤스 쑤에뇨스 쎄 아간 레알리닷

잊지 못할 기념일 보내세요.

Que pase un aniversario inolvidable.

께 빠쎄 운 아니베르싸리오 인올비다블레

오늘은 너의 날이야.

Hoy es tu día.

오이 에스 뚜 디아

관련단어

주요 대명사/형용사

yo	요	나
tú	뚜	너
él	엘	그
ella	에야	그녀
usted	우스뗃	당신
nosotros	노쏘뜨로스	우리
vosotros	보쏘뜨로스	너희
ellos	에요스	그들
ellas	에야스	그녀들
ustedes	우스떼데스	당신들
mucho	무초	많은
poco	뽀꼬	적은
grande	그란데	큰
pequeño	뻬께뇨	작은
ancho	안초	넓은
estrecho	에스뜨레초	좁은
largo	라르고	긴
corto	꼬르또	짧은
bueno	부에노	좋은
malo	말로	나쁜
caro	까로	비싼
barato	바라또	싼
nuevo	누에보	새로운
antiguo	안띠구오	오래된

쇼핑 · 식사

7장

1. 물건을 고를 때

주요표현

A : Muéstreme otros colores.
무에스뜨레메 오뜨로스 꼴로레스

B : No tenemos otros.
노 떼네모스 오뜨로스

A : 다른 색을 보여 주세요.
B : 다른 건 없습니다.

이것 좀 보여 주시겠어요?

¿Podría mostrarme esto?
뽀드리아 모스뜨라르메 에스또

다른 걸 보고 싶은데요.

Quiero ver otro.
끼에로 베르 오뜨로

저 넥타이를 보여 주세요.

Muéstreme aquella corbata.
무에스뜨레메 아께야 꼬르바따

다른 사이즈는 없습니까?

¿No tiene otro tamaño?
노 띠에네 오뜨로 따마뇨

더 화려한 것은 없나요?

¿No tiene algo más colorido?
노 띠에네 알고 마스 꼴로리도

수수한 것을 원합니다.

Quiero algo más simple.

끼에로 알고 마스 씸쁠레

같은 거 주세요.

Quiero lo mismo.

끼에로 로 미스모

이거 다른 색으로는 없어요?

¿No tiene esto en otro color?

노 띠에네 에스또 엔 오뜨로 꼴로르

이게 제일 잘 팔립니다.

Es el más vendido.

에스 엘 마스 벤디도

다 팔렸습니다.

Se vendió todo.

쎄 벤디오 또도

불티나게 팔립니다.

Se vende como churros.

쎄 벤데 꼬모 추로스

재고가 없습니다.

No nos sobra nada.

노 노스 쏘브라 나다

주요표현

A : ¿Cuánto cuesta?
꽌또 꾸에스따

B : Son cuatro dólares.
쏜 꽈뜨로 돌라레스

A : 이거 얼마입니까?

B : 4달러입니다.

얼마입니까?

¿Cuánto vale?
꽌또 발레

가격이 어떻게 되죠?

¿Cuál es el precio?
꽐 에스 엘 쁘레씨오

이 물건은 세일 중입니까?

¿Está de promoción?
에스따 데 쁘로모씨온

세일은 언제까지입니까?

¿Hasta cuándo durará la promoción?
아스따 꽌도 두라라 라 쁘로모씨온

30유로입니다.

Son treinta euros.
쏜 뜨레인따 에우로스

합계 40파운드입니다.

Son cuarenta libras en total.

쏜 꽈렌따 리브라스 엔 또딸

(가격에) 세금이 포함되어 있습니까?

¿El impuesto está incluido?

엘 임뿌에스또 에스따 인끌루이도

세금은 10달러입니다.

El impuesto es de diez dólares.

엘 임뿌에스또 에스 데 디에스 돌라레스

세금 포함해서 11달러입니다.

Once dólares incluyendo el impuesto.

온쎄 돌라레스 인끌루옌도 엘 임뿌에스또

카드 여기 있습니다.

Aquí está su tarjeta.

아끼 에스따 쑤 따르헤따

▶체크카드와 신용카드

호텔이나 백화점, 슈퍼 등에서 가끔 체크카드인지 신용카드인지를 묻는 경우가 있습니다. 체크카드는 tarjeta de débito, 신용카드는 tarjeta de crédito라고 합니다.

3. 가격 흥정하기

주요표현

A : ¿Podría darme un descuento?
뽀드리아 다르메 운 데스꾸엔또

B : Bueno. Le doy el cinco por ciento de descuento.
부에노 레 도이 엘 씽꼬 뽀르 씨엔또 데 데스꾸엔또

A : 싸게 해주시겠습니까?

B : 좋아요. 5% 깎아드리겠습니다.

세일 가격입니다.

Es un precio especial.
에스 운 쁘레씨오 에스뻬씨알

조금 비싸네요.

Es un poco caro.
에스 운 뽀꼬 까로

더 싼 것 없습니까?

¿No tiene algo más barato?
노 띠에네 알고 마스 바라또

할인받을 수 있습니까?

¿Puedo recibir un descuento?
뿌에도 레씨비르 운 데스꾸엔또

이거 살 여력이 안 되네요.

No me alcanza para comprarlo.
노 메 알깐싸 빠라 꼼쁘라를로

돈이 모자라요.

No tengo suficiente dinero.

노 뗑고 수피씨엔떼 디네로

이게 최저가입니다.

Es el precio mínimo.

에스 엘 쁘레씨오 미니모

20%까지 할인해 드리겠습니다.

Puedo ofrecerle hasta el 20% de descuento.

뿌에도 오프레쎄를레 아스따 엘 베인떼 뽀르 씨엔또 데 데스꾸엔또

다른 디자인 있나요?

¿Lo tiene en otro dibujo?

로 띠에네 엔 오뜨로 디부호

다시 올게요.

Vuelvo más tarde.

부엘보 마스 따르데

할인되나요?

¿Hay descuento?

아이 데스꾸엔또

세일은 언제까지입니까?

¿Hasta cuándo son las rebajas?

아스따 꽌도 쏜 라스 레바하스

---

4. 물건 값 계산하기

주요표현

A : ¿Qué le parece esto?
께 레 빠레쎄 에스또

B : Bueno, lo compro.
부에노 로 꼼쁘로

A : 이거 어때요?

B : 좋습니다, 그걸로 하겠습니다.

포장해 주실 수 있나요?

¿Podría envolverlo?
뽀드리아 엔볼베를로

보증서 있습니까?

¿Tiene garantía?
띠에네 가란띠아

어떻게 계산하시겠습니까?

¿Cómo va a pagar?
꼬모 바 아 빠가르

현금입니까, 카드입니까?

¿En efectivo o con tarjeta?
엔 에펙띠보 오 꼰 따르헤따

카드 받습니까?

¿Acepta la tarjeta?
아쎕따 라 따르헤따

여기 영수증 받으세요.

Aquí está su factura.

아끼 에스따 쑤 팍뚜라

고객센터는 어디인가요?

¿Dónde está la oficina del servicio al cliente?

돈데 에스따 라 오피씨나 델 쎄르비씨오 알 끌리엔떼

이걸 다른 걸로 교환해 주세요.

Cambie este artículo por otro.

깜비에 에스떼 아르띠꿀로 뽀르 오뜨로

이것을 반품하고 싶어요.

Quiero devolver esto.

끼에로 데볼베르 에스또

환불받고 싶어요.

Quiero solicitar un reembolso.

끼에로 쏠리씨따르 운 레엠볼쏘

영수증을 보여 주세요.

¿Podría mostrarme su factura?

뽀드리아 모스뜨라르메 쑤 팍뚜라

계산이 잘못된 것 같아요.

Creo que está mal calculado.

끄레오 께 에스따 말 깔꿀라도

주요표현

A : ¿En qué puedo ayudarle?
엔 께 뿌에도 아유다를레

B : Me gustaría devolver esto.
메 구스따리아 데볼베르 에스또

A : 무엇을 도와드릴까요?

B : 이거 반품하고 싶은데요.

보증서 있습니까?

¿Tiene la garantía?
띠에네 라 가란띠아

다른 걸로 바꿔주세요.

Cámbiemelo por otro, por favor.
깜비에멜로 뽀르 오뜨로 뽀르 파보르

교환 가능한가요?

¿Podría cambiar por otra cosa?
뽀드리아 깜비아르 뽀르 오뜨라 꼬싸

환불받고 싶은데요.

Quiero recibir el reembolso.
끼에로 레씨비르 엘 레엠볼쏘

다른 사이즈로 바꿔주세요.

Quiero cambiarlo por otra talla.
끼에로 깜비아를로 뽀르 오뜨라 따야

영수증을 보여주시겠습니까?

¿Podría mostrarme la factura?

뽀드리아 모스뜨라르메 라 팍뚜라

이거 다른 색으로 있나요?

¿No tiene esto en otro color?

노 띠에네 에스또 엔 오뜨로 꼴로르

여기가 찢어져 있어요.

Aquí está rasgado.

아끼 에스따 라스가도

얼룩이 있어요.

Está manchado.

에스따 만차도

물건 상태가 좋지 않아서 반품합니다.

Me gustaría devolverlo por este defecto.

메 구스따리아 데볼베를로 뽀르 에스떼 데펙또

주요표현

A : Quisiera reservar para el almuerzo.
끼씨에라 레쎄르바르 빠라 엘 알무에르쏘

B : ¿Para cuántas personas?
빠라 꽌따스 뻬르쏘나스

A : 점심 식사 예약하겠습니다.

B : 몇 분이세요?

카를로스 명의로 예약을 했습니다.

He reservado bajo el nombre de Carlos.

에 레세르바도 바호 엘 놈브레 데 까를로스

확인해 주세요.

Chequéalo, por favor.

체께알로 뽀르 파보르

예약되어 있습니다.

Tenemos su reservación.

떼네모스 쑤 레쎄르바씨온

예약을 안 하셨습니다.

No tenemos su nombre.

노 떼네모스 쑤 놈브레

몇 분으로 예약하셨죠?

¿Para cuántas personas ha reservado?

빠라 꽌따스 뻬르쏘나스 아 레세르바도

5인용 자리 부탁합니다.

Quiero una mesa para cinco personas.

끼에로 우나 메싸 빠라 씽꼬 뻬르쏘나스

창가 테이블을 원합니다.

Quiero una mesa cerca de la ventana.

끼에로 우나 메싸 쎄르까 데 라 벤따나

저 테이블은 예약석입니다.

Lo siento, pero aquella mesa está reservada.

로 씨엔또 뻬로 아께야 메싸 에스따 레쎄르바다

여기서 기다려 주시겠습니까?

¿Podría esperarme aquí, por favor?

뽀드리아 에스뻬라르메 아끼 뽀르 파보르

저희가 얼마나 기다려야 합니까?

¿Cuántos minutos tenemos que esperar?

꽌또스 미누또스 떼네모스 께 에스뻬라르

오래 기다리셨습니다. 이쪽으로 오세요.

Le hemos hecho esperar por mucho tiempo.

Vengan por aquí.

레 에모스 에초 에스뻬라르 뽀르 무초 띠엠뽀 벵간 뽀르 아끼

주요표현

A : ¿Qué le gustaría pedir?
께 레 구스따리아 뻬디르

B : Voy a tener un plato de bistec.
보이 아 떼네르 운 쁠라또 데 비스떽

A : 무엇을 드시겠습니까?

B : 스테이크를 먹겠습니다.

주문하시겠습니까?

¿Podría tomar su orden?

뽀드리아 또마르 쑤 오르덴

메뉴 좀 주세요.

El menú, por favor.

엘 메누 뽀르 파보르

준비되면 부르겠습니다.

Le voy a llamar cuando estemos listos.

레 보이 아 야마르 꽌도 에스떼모스 리스또스

오늘 특별 요리는 무엇입니까?

¿Cuál es el plato del día?

꽐 에스 엘 쁠라또 델 디아

제게 어떤 요리를 추천해 주시겠어요?

¿Qué plato me recomienda?

께 쁠라또 메 레꼬미엔다

스테이크를 먹겠습니다.

Quiero un bistec.

끼에로 운 비스떽

스테이크는 어떻게 드시겠습니까?

¿Cómo quiere su bistec?

꼬모 끼에레 쑤 비스떽

미디엄으로 주세요.

Medio hecho, por favor.

메디오 에초 뽀르 파보르

이걸로 주세요.

Dame esto, por favor.

다메 에스또 뽀르 파보르

저도 같은 걸로 주세요.

Lo mismo para mí.

로 미스모 빠라 미

스페인 식당에 들어가서는 먼저 입구에서 점원의 안내를 기다립니다. 그리고 몇 명인지 말을 하면 테이블을 안내합니다. 점원을 큰소리로 부르지 마세요. 식사 후에는 계산서를 달라 하고 테이블에서 계산하면 됩니다. 팁은 안 줘도 되지만 맛있게 잘 먹었다면 2~5유로 정도를 두면 됩니다. 스페인에서는 꼭 줘야 할 의무는 없습니다.

주요표현

A : ¿Qué quiere pedir?
께 끼에레 뻬디르

B : Una hamburguesa, por favor.
우나 암부르게싸 뽀르 파보르

A : 주문하시겠습니까?

B : 햄버거 하나 주세요.

다음 분요.

El siguiente, por favor.

엘 씨기엔떼 뽀르 파보르

치즈버거 하나, 콜라 둘 부탁합니다.

Una hamburguesa de queso y dos cocas, por favor.

우나 암부르게싸 데 께소 이 도스 꼬까스 뽀르 파보르

피자 중간 사이즈로 하나 부탁합니다.

Una pizza mediana, por favor.

우나 삐싸 메디아나 뽀르 파보르

여기서 드실 건가요, 가져가실 건가요?

¿Para comer aquí o para llevar?

빠라 꼬메르 아끼 오 빠라 예바르

가져가겠습니다.

Para llevar.

빠라 예바르

오렌지 주스 주세요.

Un zumo de naranja, por favor.

운 쑤모 데 나랑하 뽀르 파보르

얼음도 같이 주세요.

Con hielo, por favor.

꼰 이엘로 뽀르 파보르

수저 하나 더 주시겠어요?

¿Me trae una cuchara más, por favor?

메 뜨라에 우나 꾸차라 마스 뽀르 파보르

우유 더 주세요.

Más leche, por favor.

마스 레체 뽀르 파보르

사이다 한 잔 주세요.

Un sprite, por favor.

운 스쁘라잇 뽀르 파보르

탄산수 있나요?

¿Tiene agua con gas?

띠에네 아구아 꼰 가스

저도 같은 것을 주세요.

Deme el mismo plato.

데메 엘 미스모 쁠라또

9. 맛에 대한 표현

주요표현

A : ¿Le gusta la comida picante?
레 구스따 라 꼬미다 삐깐떼

B : Sí, me gusta. Me gusta el ají rojo.
씨 메 구스따 메 구스따 엘 아히 로호

A : 매운 것을 좋아하세요?

B : 네, 그렇습니다. 고추를 좋아합니다.

맛이 어때요?

¿Cómo sabe?
꼬모 싸베

매우 맵습니다.

Es muy picante.
에스 무이 삐깐떼

맛있어요!

¡Qué rico!
께 리꼬

맛이 좋습니다.

Es delicioso.
에스 델리씨오쏘

이 우유는 딸기 맛입니다.

Esta leche sabe a fresa.
에스따 레체 싸베 아 프레싸

이 과자는 치즈 맛입니다.

Esta galleta sabe a queso.

에스따 가예따 싸베 아 께쏘

너무 답니다.

Es demasiado dulce.

에스 데마씨아도 둘쎄

수프가 매우 짭니다.

La sopa está muy salada.

라 쏘빠 에스따 무이 쌀라다

느끼합니다.

Es graso.

에스 그라쏘

이 오렌지는 매우 십니다.

Esta naranja está demasiada agria.

에스따 나랑하 에스따 데마씨아다 아그리아

demasiado는 '너무 많은, 지나친, 과도한(형용사), 너무, 지나치게, 과도하게(부사)' 등의 뜻이 있습니다.

Beben demasiado. 그들은 지나치게 마신다.

La manzana está demasiada dulce. 사과가 너무 달다.

주요표현

A : Vamos a tomar cerveza.
바모스 아 또마르 쎄르베싸

B : Bueno.
부에노

A : 맥주 한잔 해요.

B : 그러지요.

한잔 사겠습니다.

Te invito una cerveza.
떼 인비또 우나 쎄르베싸

건배!

¡Salud!
쌀룻

우리의 건강을 위하여 건배합시다!

¡Brindemos por nuestra salud!
브린데모스 뽀르 누에스뜨라 쌀룻

우리의 우정을 위하여!

¡Salud por nuestra amistad!
쌀룻 뽀르 누에스뜨라 아미스땃

많이 못 마셔요.

No puedo tomar mucho.
노 뿌에도 또마르 무초

제가 따라 드리겠습니다.

Voy a llenar tu vaso.

보이 아 예나르 뚜 바쏘

좀 더 마시겠습니까?

¿Quiere tomar más?

끼에레 또마르 마스

한 잔 더요.

Una copa más.

우나 꼬빠 마스

아니요, 충분히 마셨어요.

No, he tomado suficiente.

노 에 또마도 쑤피씨엔떼

저는 이제 취했습니다.

Estoy borracho.

에스또이 보라초

스페인 사람들은 아침부터 술을 먹거나 밤에 잠자리에 들기 전에도 술을 마시기로 유명합니다. 하지만 우리나라와 약간 다른 점은 길거리에서 술을 마시면 안 된다는 점입니다. 시청과 경찰서에서 허가한 식당의 테이블에서는 음주가 가능하지만 병을 들고 술을 마신다면 벌금을 내야 합니다.

11. 식사 시의 기타 요청

주요표현

A : Disculpe, mi pedido no ha salido.
디스꿀뻬 미 뻬디도 노 아 쌀리도

B : Espéreme un momento, por favor.
에스뻬레메 운 모멘또 뽀르 파보르

A : 주문한 게 아직 안 나왔어요.

B : 잠시만 기다려 주세요.

이건 내가 주문한 게 아닌데요.

No es lo que pedí.

노 에스 로 께 뻬디

포크를 떨어뜨렸습니다.

Se cayó el tenedor.

쎄 까요 엘 떼네도르

이 스푼이 지저분합니다.

La cuchara está sucia.

라 꾸차라 에스따 쑤씨아

다른 수저가 필요해요.

Necesito otra cuchara.

네쎄씨또 오뜨라 꾸차라

접시 하나 가져다 주세요.

¿Puedo tener un plato, por favor?

뿌에도 떼네르 운 쁠라또 뽀르 파보르

냅킨 좀 더 주세요.

¿Me trae un poco más servilletas?

메 뜨라에 운 뽀꼬 마스 쎄르비예따스

이걸 데워 주시겠어요?

¿Puede calentar esto, por favor?

뿌에데 깔렌따르 에스또 뽀르 파보르

이 음식 맛이 이상해요.

Tiene mal sabor.

띠에네 말 싸보르

스프에 뭔가 있어요.

Hay algo en la sopa.

아이 알고 엔 라 쏘빠

음식이 언제 나와요?

¿Cuándo sale la comida?

꽌도 쌀레 라 꼬미다

메뉴판 좀 다시 주세요.

¿Me da la carta otra vez, por favor?

메 다 라 까르따 오뜨라 베쓰 뽀르 파보르

영어로 된 메뉴 있나요?

¿Tiene el menú escrito en inglés?

띠에네 엘 메누 에스끄리또 엔 잉글레스

12. 식사비 계산하기

주요표현

A : La cuenta, por favor.
라 꾸엔따 뽀르 파보르

B : Aquí está. ¿Estuvo bien la comida?
아끼 에스따 에스뚜보 비엔 라 꼬미다

A : 계산서 주세요.

B : 여기 있습니다. 식사는 어떠셨나요?

식사 어땠어?

¿Qué tal la comida?
께 딸 라 꼬미다

아주 맛있었어요. 고맙습니다.

Estuvo muy rico. Gracias.
에스뚜보 무이 리꼬 그라씨아스

전부 얼마입니까?

¿Cuánto vale todo?
꽌또 발레 또도

오늘은 내가 내겠습니다.

Yo pago hoy.
요 빠고 오이

다음에 내가 살게요.

Le invitaré luego.
레 인비따레 루에고

각자 냅시다.

Vamos a pagar por separado.
바모스 아 빠가르 뽀르 쎄빠라도

반반씩 냅시다.

Paguemos la cuenta a medias.
빠게모스 라 꾸엔따 아 메디아스

계산이 틀렸습니다.

Algo está mal en esta cuenta.
알고 에스따 말 엔 에스따 꾸엔따

계산서에 오류가 있네요.

Hay un error en la cuenta.
아이 운 에로르 엔 라 꾸엔따

이건 주문하지 않았습니다.

Esto no lo he pedido.
에스또 노 로 에 뻬디도

영수증에 팁 포함된 건가요?

¿La cuenta incluye la propina?
라 꾸엔따 인끌루예 라 쁘로삐나

영수증을 주세요.

La cuenta, por favor.
라 꾸엔따 뽀르 파보르

관련단어

의류

ropa	로빠	의류
uniforme	우니포르메	유니폼
abrigo	아브리고	외투
traje	뜨라헤	양복
camisa	까미싸	셔츠
cárdigan	까르디간	카디건
jeans	진스	청바지
chaqueta	차께따	재킷
pantalones	빤딸로네스	바지
overol	오베롤	작업복
camiseta	까미쎄따	티셔츠
vestido	베스띠도	드레스
blusa	블루싸	블라우스
sostén	쏘스뗀	브래지어
falda	팔다	치마
minifalda	미니팔다	미니스커트
suéter	스웨떼르	스웨터
ropa de dormir	로빠 데 도르미르	잠옷
ropa interior	로빠 인떼리오르	속옷
corbata	꼬르바따	넥타이
chaleco	찰레꼬	조끼
vestido de novia	베스띠도 데 노비아	웨딩드레스
traje de baño	뜨라헤 데 바뇨	수영복
ropa deportiva	로빠 데뽀르띠바	운동복
chaqueta de cuero	차께따 데 꾸에로	가죽재킷

신발, 액세서리 등

bufanda	부판다	목도리
calcetines	깔쎄띠네스	양말
medias	메디아스	스타킹
cinturón	씬뚜론	벨트
guantes	관떼스	장갑
zapatos	싸빠또스	신발
zapatos de tacón alto	싸빠또스 데 따꼰 알또	하이힐
botas	보따스	부츠
zapatillas	싸빠띠야스	운동화
accesorio	악쎄쏘리오	액세서리
bolso	볼쏘	핸드백
pulsera	뿔쎄라	팔찌
gafas	가파스	안경
collar	꼬야르	목걸이
orejeras	오레헤라스	귀걸이
pañuelo	빠뉴엘로	손수건
anillo	아니요	반지
gafas de sol	가파스 데 쏠	선글라스
reloj de pulsera	렐로흐 데 뿔쎄라	손목시계
cartera	까르떼라	지갑
llavero	야베로	열쇠고리
botines de fútbol	보띠네스 데 풋볼	축구화
sandalias	싼달리아스	샌들
paraguas	빠라구아스	우산
chal	찰	숄

관련단어

양념

salsa	쌀싸	소스
ketchup	께춥	케첩
salsa de tomate	쌀싸 데 또마떼	토마토 소스
mayonesa	마요네싸	마요네즈
mostaza	모스따싸	머스타드
mantequilla	만떼끼야	버터
azúcar	아쑤까르	설탕
sal	쌀	소금
pimiento	삐미엔또	후추
vinagre	비나그레	식초
aceite de oliva	아쎄이떼 데 올리바	올리브유
cebolla	쎄보야	양파
ajo	아호	마늘
salsa de soya	쌀싸 데 쏘야	간장
queso	께쏘	치즈
crema	끄레마	크림
limón	리몬	레몬
ají	아히	고추
sésame	쎄싸메	참깨
patata	빠따따	감자
lechuga	레추가	양배추
zanahoria	싸나오리아	당근
hielo	이엘로	얼음
cacuahuate	까꽈와떼	땅콩
harina	아리나	밀가루
jengibre	헹히브레	생강

음료수

bebida	베비다	음료수
agua	아구아	물
agua con gas	아구아 꼰 가스	탄산수
leche	레체	우유
sprite	스쁘리떼	스프라이트
coca	꼬까	콜라
zumo	쑤모	주스
jugo de naranja	후고 데 나랑하	오렌지 주스
café	까페	커피
té	떼	차
alcohol	알꼬올	술, 알코올
vino	비노	와인
cerveza	쎄르베싸	맥주
whisky	위스끼	위스키
cóctel	꼭뗄	칵테일
tequila	떼낄라	데낄라
mojito	모히또	모히또
vodca	보드까	보드카
ron	론	럼
batido	바띠도	쉐이크
té negro	떼 네그로	홍차
té verde	떼 베르데	녹차
chocolate	초꼴라떼	코코아
limonada	리모나다	레몬에이드
gaseosa	가쎄오싸	탄산음료

관련단어

음식

comida	꼬미다	음식
desayuno	데싸유노	조찬
almuerzo	알무에르쏘	오찬
cena	쎄나	만찬
pan	빤	빵
hamburguesa	암부르게싸	햄버거
pizza	삐짜	피자
arroz	아로쓰	쌀밥, 쌀
cereal	쎄레알	곡물
sopa	쏘빠	수프, 국
bistec	비스떽	스테이크
carne de res	까르네 데 레스	소고기
cerdo	쎄르도	돼지고기
pollo	뽀요	닭고기
huevo frito	우에보 프리또	계란 프라이
pescado	뻬스까도	생선
marisco	마리스꼬	해산물
salmón	쌀몬	연어
atún	아뚠	참치
langosta	랑고스따	바닷가재
cangrejo	깡그레호	게
gamba	감바	새우
jamón	하몽	햄
salchicha	살치차	소시지
ensalada	엔쌀라다	샐러드
aperitivo	아뻬리띠보	전채

postre	뽀스뜨레	후식
helado	엘라도	아이스크림
tarta	따르따	케이크
chocolate	초꼴라떼	초콜릿, 코코아
comida tradicional	꼬미다 뜨라디씨오날	전통음식
bocadillo	보까디요	샌드위치
mantequilla	만떼끼야	버터

맛

sabor	싸보르	맛
olor	올로르	냄새
fresco	프레스꼬	신선한
picante	삐깐떼	매운
dulce	둘쎄	단
salado	쌀라도	짠
ácido	아씨도	신
amargo	아마르고	쓴

요리

freir	프레이르	튀기다
marinar	마리나르	양념하다
asar	아싸르	굽다
hervir	에르비르	삶다
mezclar	메스끌라르	섞다
calentar	깔렌따르	데우다
quemarse	께마르세	타다

관련단어

salar	쌀라르	소금에 절이다
enrollar	엔로야르	말다
amasar	아마싸르	반죽하다
hornear	오르네아르	오븐에 굽다
picar	삐까르	다지다
moler	몰레르	갈다
cortar	꼬르따르	자르다
pelar	뻴라르	깎다

교통

8장

1. 길을 물을 때
2. 길을 안내할 때
3. 버스를 이용할 때
4. 택시를 이용할 때
5. 지하철을 이용할 때
6. 열차를 이용할 때
7. 기내에서

1. 길을 물을 때

주요표현

A : ¿Dónde está la Plaza Mayor?
돈데 에스따 라 쁠라싸 마요르

B : Sigue recto por esta calle.
씨게 렉또 뽀르 에스따 까예

A : 마요르 광장은 어디에 있어요?

B : 이 길을 곧바로 가세요.

알함브라 궁전에 어떻게 가죠?

¿Cómo puedo llegar al Palacio La Alhambra?
꼬모 뿌에도 예가르 알 빨라씨오 라 알람브라

마추픽추까지 가는 지도가 있나요?

¿Tiene un mapa para ir al Machu Picchu?
띠에네 운 마빠 빠라 이르 알 마추 픽추

제게 주소는 있습니다.

Tengo la dirección.
뗑고 라 디렉씨온

거기까지 걸어서 갈 수 있습니까?

¿Puedo caminar para allí?
뿌에도 까미나르 빠라 아이

걸어서 얼마나 걸려요?

¿Cuánto se tarda a pie?
꽌또 세 따르다 아 삐에

지하철을 타세요.

Tome el metro.

또메 엘 메뜨로

여기서 멉니까?

¿Está lejos de aquí?

에스따 레호스 데 아끼

택시를 타세요.

Tome el taxi.

또메 엘 딱씨

지름길이 어디예요?

¿Cuál es el atajo?

꽐 에스 엘 아따호

야간엔 요금을 더 내야 해요?

¿Hay que pagar más por la noche?

아이 께 빠가르 마스 뽀르 라 노체

여기서 바르셀로나 공항까지 얼마나 걸리나요?

¿Cuánto se tarda para el aeropuerto de Barcelona?

꽌또 쎄 따르다 빠라 엘 아에로뿌에르또 데 바르셀로나

약 10분 정도 걸립니다.

Tardarán unos diez minutos.

따르다란 우노스 디에스 미누또스

2. 길을 안내할 때

주요표현

A : Cruce esta calle.
끄루쎄 에스따 까예

B : Sí, gracias.
씨 그라씨아스

A : 이 길을 건너세요.

B : 알겠습니다, 감사합니다.

대성당까지 가는 길을 알려 주세요.

Indíqueme el camino para ir hasta la catedral.
인디께메 엘 까미노 빠라 이르 아스따 라 까떼드랄

똑바로 가세요.

Siga todo recto.
씨가 또도 렉또

여기서 50m 정도입니다.

Unos cincuenta metros desde aquí.
우노스 씽꾸엔따 메뜨로스 데스데 아끼

다음 코너에서 오른쪽으로 도세요.

Gire a la derecha en la próxima esquina.
히레 아 라 데레차 엔 라 쁘록씨마 에스끼나

세 번째 건물입니다.

Es el tercer edificio.
에스 엘 떼르쎄르 에디피씨오

이 길 맞은편에 있습니다.

Está al otro lado de la calle.

에스따 알 오뜨로 라도 데 라 까예

은행 옆에 있습니다.

Está al lado del banco.

에스따 알 라도 델 방꼬

경찰서 앞에 있습니다.

Está delante de la comisaría.

에스따 델란떼 데 라 꼬미싸리아

저도 같은 방향으로 갑니다.

Voy en la misma dirección.

보이 엔 라 미스마 디렉씨온

택시를 부릅시다.

Vamos a llamar un taxi.

바모스 아 야마르 운 딱씨

여기서 가까워요.

Está cerca de aquí.

에스따 쎄르까 데 아끼

지도 있어요?

¿Tiene algún mapa?

띠에네 알군 마빠

주요표현

A : ¿Este autobús va a la Avenida Cinco?
에스떼 아우또부스 바 아 라 아베니다 씽꼬

B : Sí. Suba.
씨 쑤바

A : 이 버스는 5번가에 갑니까?

B : 네. 타세요.

버스정류장은 어디에 있습니까?

¿Dónde está la parada del autobús?
돈데 에스따 라 빠라다 델 아우또부스

공항에 가는 버스는 어디서 탑니까?

¿Dónde puedo tomar el autobús para ir al aeropuerto?
돈데 뿌에도 또마르 엘 아우또부스 빠라 이르 알 아에로뿌에르또

버스정류장은 이 길의 코너에 있습니다.

La parada del autobús está en la esquina de esta calle.
라 빠라다 델 아우또부스 에스따 엔 라 에스끼나 데 에스따 까예

시내로 가는 버스가 있습니까?

¿Hay algún autobús para ir al centro?
아이 알군 아우또부스 빠라 이르 알 쎈뜨로

10번 버스를 타세요.

Tome el autobús número diez.
또메 엘 아우또부스 누메로 디에스

이 버스는 힐튼호텔에 정차합니까?

¿Este autobús para enfrente del Hotel Hilton?

에스떼 아우또부스 빠라 엔프렌떼 델 오뗄 일똔

이 버스는 어디까지 갑니까?

¿Hasta dónde va este autobús?

아스따 돈데 바 에스떼 아우또부스

버스는 얼마나 자주 있어요?

¿Con qué frecuencia viene el autobús?

꼰 께 프레꾸엔씨아 비에네 엘 아우또부스

다음 버스는 언제 있어요?

¿Cuándo viene el próximo autobús?

꽌도 비에네 엘 쁘록씨모 아우또부스

막차는 몇 시에 있습니까?

¿A qué hora sale el último autobús?

아 께 오라 쌀레 엘 울띠모 아우또부스

마드리드로 가는 첫차는 몇 시입니까?

¿A qué hora sale el primer autobús a Madrid?

아 께 오라 쌀레 엘 쁘리메르 아우또부스 아 마드릿

버스 도착 시간이 어떻게 되나요?

¿Cuándo llega el autobús?

꽌도 예가 엘 아우또부스

4. 택시를 이용할 때

주요표현

A : ¿A dónde va?
아 돈데 바

B : Vamos al hotel Buenos Aires.
바모스 알 오뗄 부에노스 아이레스

A : 손님, 어디에 가십니까?
B : 부에노스아이레스 호텔로 가 주세요.

박물관은 여기서 머나요?

¿El museo está lejos de aquí?
엘 무쎄오 에스따 레호스 데 아끼

여기 세워 주세요.

Pare aquí, por favor.
빠레 아끼 뽀르 파보르

공항까지 데리고 가 주세요.

Por favor, lléveme al aeropuerto.
뽀르 파보르 예베메 알 아에로뿌에르또

이 주소로 가 주세요.

Lléveme a esta dirección.
예베메 아 에스따 디렉씨온

저도 여기는 처음입니다.

Soy nuevo aquí.
쏘이 누에보 아끼

여기서 내릴게요.

Me bajo aquí.

메 바호 아끼

빨리 가 주세요.

Rápido, por favor.

라삐도 뽀르 파보르

요금은 얼마예요?

¿Cuánto es?

꽌또 에스

차가 막히네요.

Hay atasco.

아이 아따스꼬

서둘러 주세요.

Dése prisa.

데쎄 쁘리싸

짐 싣게 트렁크 좀 열어 주시겠어요?

¿Puede abrir el maletero para que pueda poner mi equipaje allí?

뿌에데 아브리르 엘 말레떼로 빠라 께 뿌에다 뽀네르 미 에끼빠헤 아이

5. 지하철을 이용할 때

주요표현

A : ¿Tengo que hacer transferencia?
떵고 께 아쎄르 뜨란스페렌씨아

B : Sí, en la próxima estación.
씨 엔 라 쁘록씨마 에스따씨온

A : 환승해야 되나요?

B : 네, 다음 역에서요.

지하철역은 어디입니까?

¿Dónde está la estación del metro?
돈데 에스따 라 에스따씨온 델 메뜨로

매표소는 어디예요?

¿Dónde está la taquilla?
돈데 에스따 라 따끼야

티켓은 저 기계에서 사세요.

Compre el billete en aquella máquina.
꼼쁘레 엘 비예떼 엔 아께야 마끼나

지하철로 공원까지 갈 수 있습니까?

¿Puedo llegar al parque en metro?
뿌에도 예가르 알 빠르께 엔 메뜨로

첫 기차는 몇 시에 있습니까?

¿A qué hora sale el primer tren?
아 께 오라 쌀레 엘 쁘리메르 뜨렌

막차가 방금 떠났어요.

El último tren acaba de salir.

엘 울띠모 뜨렌 아까바 데 쌀리르

대사관에 가려면 몇 호선 타야 합니까?

¿Qué línea va a la embajada?

께 리네아 바 아 라 엠바하다

7번 선으로 갈아타세요.

Haga transferencia en la línea número siete.

아가 뜨란스페렌씨아 엔 라 리네아 누메로 씨에떼

노선을 잘못 타셨어요.

Está en la línea equivocada.

에스따 엔 라 리네아 에끼보까다

출구는 어디입니까?

¿Dónde está la salida?

돈데 에스따 라 쌀리다

시청으로 나가려면 몇 번 출구로 나가야 해요?

¿Por qué número de salida hay que salir para ir al ayuntamiento?

뽀르 께 누메로 데 쌀리다 아이 께 쌀리르 빠라 이르 알 아윤따미엔또

주요표현

A : ¿Este tren va a Santiago?
에스또 뜨렌 바 아 싼띠아고

B : Sí, suba.
씨 쑤바

A : 이 열차는 산티아고행입니까?

B : 네, 타세요.

여기 앉아도 될까요?

¿Puedo sentarme aquí?
뿌에도 센따르메 아끼

네, 자리 비었어요.

Sí, este asiento está libre.
씨 에스떼 아씨엔또 에스따 리브레

실례합니다, 여기 제 자리 같아요.

Disculpe, creo que es mi asiento.
디스꿀뻬 끄레오 께 에스 미 아씨엔또

승차권을 보여주세요.

Enséñeme el billete, por favor.
엔쎄녜메 엘 비예떼 뽀르 파보르

제가 예약한 좌석을 바꿔주실 수 있나요?

¿Puede cambiar el asiento que he reservado?
뿌에데 깜비아르 엘 아씨엔또 께 에 레쎄르바도

이 열차는 여기서 얼마나 정차하나요?

¿Cuántos minutos se queda el tren aquí?
꽌또스 미누또스 쎄 께다 엘 뜨렌 아끼

창가쪽이요 아니면 복도쪽이요?

¿Ventana o pasillo?
벤따나 오 빠씨요

화장실이랑 멀리 떨어진 자리 주세요.

Quiero un asiento lejos del baño.
끼에로 운 아씨엔또 레호스 델 바뇨

다음 정거장입니다.

Es la siguiente parada.
에스 라 씨기엔떼 빠라다

다음은 무슨 역인가요?

¿Cuál es la próxima estación?
꽐 에스 라 쁘록씨마 에스따씨온

드디어 도착했네요.

Al fin llegamos.
알 핀 예가모스

마지막 열차를 놓쳤습니다.

He perdido el último tren.
에 뻬르디도 엘 울띠모 뜨렌

7. 기내에서

주요표현

A : ¿Dónde está mi asiento?
돈데 에스따 미 아씨엔또

B : Aquí cerca de la ventana.
아끼 쎄르까 데 라 벤따나

A : 제 좌석은 어디입니까?

B : 여기 창가 쪽입니다.

여기 앉아도 되겠습니까?

¿Puedo sentarme aquí?
뿌에도 쎈따르메 아끼

안전벨트를 매주세요.

Pónganse el cinturón de seguridad.
뽕간쎄 엘 씬뚜론 데 쎄구리닷

오렌지주스를 드시겠어요, 사과주스를 드시겠어요?

¿Quiere jugo de naranja o de manzana?
끼에레 후고 데 나랑하 오 데 만싸나

담요 하나 주세요.

Una manta, por favor.
우나 만따 뽀르 파보르

주스 한 잔 주세요.

Un vaso de jugo, por favor.
운 바쏘 데 후고 뽀르 파보르

화장실은 어디입니까?

¿Dónde está el baño?

돈데 에스따 엘 바뇨

면세품을 사고 싶어요.

Quiero comprar artículos libres de impuestos.

끼에로 꼼쁘라르 아르띠꿀로스 리브레스 데 임뿌에스또스

언제 이과수 공항에 도착합니까?

¿Cuándo llegamos al aeropuerto de Iguazú?

꽌도 예가모스 알 아에로뿌에르또 데 이과쑤

이 입국신고서 기재하는 방법 좀 알려주세요.

Enséñeme cómo llenar la tarjeta de desembarque.

엔쎄녜메 꼬모 예나르 라 따르헤따 데 데쎔바르께

좌석을 나와 바꾸어주시겠습니까?

¿Puede cambiar el asiento conmigo?

뿌에데 깜비아르 엘 아씨엔또 꼰미고

복도 쪽에 앉고 싶어요.

Quiero sentarme cerca del pasillo.

끼에로 쎈따르메 쎄르까 델 빠씨요

물 한 잔 주세요.

Deme un vaso de agua, por favor.

데메 운 바쏘 데 아구아 뽀르 파보르

관련단어

교통수단

transporte	뜨란스뽀르떼	교통
cohete	꼬에떼	로켓
lanzadera espacial	란싸데라 에스빠씨알	우주왕복선
aeropuerto	아에로뿌에르또	공항
avión	아비온	비행기
helicóptero	엘리꼽떼로	헬기
tren	뜨렌	기차
estación de metro	에스따씨온 데 메뜨로	지하철역
taxi	딱씨	택시
autobús	아우또부스	버스
autobús lanzadera	아우또부스 란싸데라	셔틀버스
autobús de turismo	아우또부스 데 뚜리스모	관광버스
limusina	리무씨나	리무진버스
camión	까미온	트럭
ambulancia	암불란씨아	구급차
camión de bomberos	까미온 데 봄베로스	소방차
coche deportivo	꼬체 데뽀르띠보	스포츠카
teleférico	뗄레페리꼬	케이블카
motocicleta	모토씨끌레따	오토바이
bicicleta	비씨끌레따	자전거
puerto	뿌에르또	항구
desembarcadero	데쎔바르까데로	선착장
barco	바르꼬	배
bote	보떼	보트
velero	벨레로	돛단배

방향

este	에스떼	동
oeste	오에스떼	서
sur	쑤르	남
norte	노르떼	북
sudeste	쑤데스떼	동남
sudoeste	쑤도에스떼	서남
noreste	노르에스떼	동북
noroeste	노로에스떼	서북
derecha	데레차	오른쪽
izquierda	이스끼에르다	왼쪽
arriba	아리바	위로
abajo	아바호	아래로
lado	라도	옆
cerca	쎄르까	가까이
frente	프렌떼	앞에
atrás	아뜨라스	뒤에
dentro	덴뜨로	안에
fuera	푸에라	밖에
entrada	엔뜨라다	입구
salida	쌀리다	출구
cruce	끄루쎄	교차로
paso de peatones	빠쏘 데 뻬아또네스	횡단보도
bloque	블로께	구간
semáforo	쎄마포로	신호등
luz verde	루쓰 베르데	파란 신호
luz rojo	루쓰 로호	빨간 신호

관련단어

방향에 관한 표현

Gire a la derecha. 우회전하세요.
히레 알 라 데레차

Gire a la izquierda. 좌회전하세요.
히레 알 라 이스끼에르다

Siga al sur. 남쪽으로 가세요.
씨가 알 쑤르

Siga recto. 곧장 가세요.
씨가 렉또

Siga por esta calle. 이 길을 따라 가세요.
씨가 뽀르 에스따 까예

Cruce aquí. 이 길을 건너세요.
끄루쎄 아끼

Dé vuelta en U. 유턴하세요.
데 부엘따 엔 우

관광 9장

1. 출입국 심사
2. 수하물 찾기
3. 세관에서
4. 방 예약, 방 구하기
5. 체크인하기
6. 룸서비스
7. 각종 문의
8. 체크아웃
9. 관광지에서
10. 사진을 찍을 때

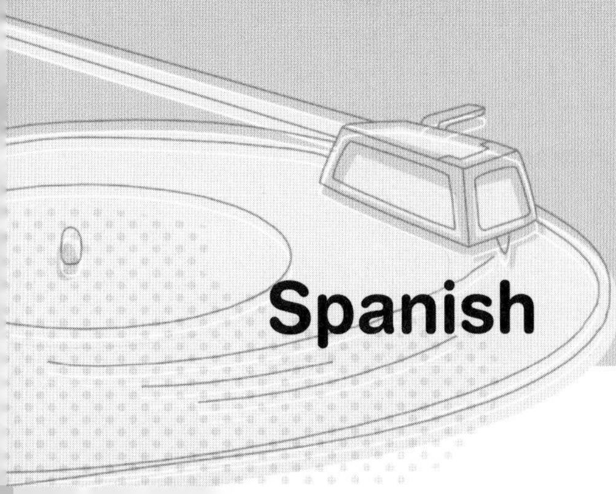

Spanish

1. 출입국 심사

주요표현

A : ¿Cuál es el motivo de su visita?
꽐 에스 엘 모띠보 데 쑤 비씨따

B : Para hacer el turismo.
빠라 아쎄르 엘 뚜리스모

A : 방문 목적이 무엇입니까?

B : 관광입니다.

여권과 탑승권을 볼 수 있을까요?

¿Podría ver su pasaporte y tarjeta de embarque?
뽀드리아 베르 쑤 빠싸뽀르떼 이 따르헤따 데 엠바르께

방문 목적이 무엇입니까?

¿Cúal es el propósito de su visita?
꽐 에스 엘 쁘로뽀씨또 데 쑤 비씨따

거래차 방문했습니다.

Vengo por hacer negocios.
벵고 뽀르 아쎄르 네고씨오스

유학입니다.

Para estudiar.
빠라 에스뚜디아르

여기에 얼마나 체류하실 건가요?

¿Cuánto tiempo se quedará aquí?
꽌또 띠엠뽀 쎄 께다라 아끼

1개월 정도요.

Un mes, más o menos.

운 메스 마스 오 메노스

어디서 체류하실 겁니까?

¿Dónde se hospedará?

돈데 쎄 오스뻬다라

부에노스아이레스 호텔에서 체류합니다.

Me quedaré en el Hotel Buenos Aires.

메 께다레 엔 엘 오뗄 부에노스 아이레스

친구들 집에서 지낼 겁니다.

Estaré en la casa de mis amigos.

에스따레 엔 라 까싸 데 미스 아미고스

귀국 항공권은 갖고 계십니까?

¿Tiene el billete de regreso?

띠에네 엘 비예떼 데 레그레쏘

비자가 있습니까?

¿Tiene visado?

띠에네 비싸도

스페인 방문이 처음입니까?

¿Es su primera visita a España?

에스 쑤 쁘리메라 비씨따 아 에스빠냐

2. 수하물 찾기

주요표현

A : ¿Dónde puedo recoger mis maletas?
돈데 뿌에도 레꼬헤르 미스 말레따스

B : Siga la flecha.
씨가 라 플레차

A : 짐은 어디서 찾죠?

B : 저기 표시를 따라가세요.

제 짐이 보이지 않습니다.

No puedo encontrar mi maleta.
노 뿌에도 엔꼰뜨라르 미 말레따

제 수하물 찾는 걸 도와주세요.

Ayúdeme para encontrar mi equipaje.
아유데메 빠라 엔꼰뜨라르 미 에끼빠헤

여기서 기다려 주세요.

Espere aquí, por favor.
에스뻬레 아끼 뽀르 파보르

어느 비행편입니까?

¿Cúal es el número del avión?
꽐 에스 엘 누메로 델 아비온

A79편으로 도착했습니다.

Llegué por el vuelo A siete nueve.
예게 뽀르 엘 부엘로 아 씨에떼 누에베

티켓 보여 주세요.

Enséñeme su boleto, por favor.

엔쎄녜메 쑤 볼레또 뽀르 파보르

가방이 어떤 타입인가요?

¿De qué tipo es su maleta?

데 께 띠뽀 에스 쑤 말레따

짐이 무슨 색이죠?

¿De qué color es su maleta?

데 께 꼴로르 에스 쑤 말레따

제 짐 중에 하나가 나오지 않았어요.

Una de mis maletas no salió.

우나 데 미스 말레따스 노 쌀리오

수하물표 있으신가요?

¿Tiene etiqueta para equipaje?

띠에네 에띠께따 빠라 에끼빠헤

제 가방이 손상되었습니다.

Mi maleta fue dañada.

미 말레따 푸에 다냐다

제 짐들을 찾을 수 없어요.

No puedo encontrar mis maletas.

노 뿌에도 엔꼰뜨라르 미스 말레따스

3. 세관에서

주요표현

A : ¿Tiene algo que declarar?
띠에네 알고 께 데끌라라르

B : No, no tengo nada que declarar.
노 노 뗑고 나다 께 데끌라라르

A : 신고할 물건 있습니까?

B : 아니요, 없습니다.

세관검사대는 어디입니까?

¿Dónde está la aduana?
돈데 에스따 라 아두아나

세관신고서를 보여주시겠습니까?

¿Podría mostrarme su formulario de declaración de aduanas?
뽀드리아 모스뜨라르메 쑤 포르물라리오 데 데끌라라씨온 데 아두아나스

세관신고서를 작성해 주세요.

Rellene el formulario de declaración de aduanas.
레예네 엘 포르물라리오 데 데끌라라씨온 데 아두아나스

가방을 열어주세요.

Abra su maleta, por favor.
아브라 쑤 말레따 뽀르 파보르

이 속에 뭐가 들어 있습니까?

¿Qué tiene en su maleta?

께 띠에네 엔 쑤 말레따

이것은 무엇입니까?

¿Qué es esto?

께 에스 에스또

친구 선물입니다.

Es un regalo para mi amigo.

에스 운 레갈로 빠라 미 아미고

제 개인 소지품입니다.

Son los objetos de uso personal.

쏜 로스 옵헤또스 데 우쏘 뻬르쏘날

이게 제가 가진 전부입니다.

Es todo lo que tengo.

에스 또도 로 께 뗑고

짐을 책상 위에 올려주세요.

Ponga la maleta sobre la mesa, por favor.

뽕가 라 말레따 쏘브레 라 메싸 뽀르 파보르

유로를 얼마나 갖고 계십니까?

¿Cuántos euros tiene?

꽌또스 에우로스 띠에네

---

4. 방 예약, 방 구하기

주요표현

A : Quiero reservar un cuarto.
끼에로 레쎄르바르 운 꽈르또

B : ¿Podría decirme su nombre y número de teléfono?
뽀드리아 데씨르메 쑤 놈브레 이 누메로 데 뗄레포노

A : 방을 예약하려 합니다.

B : 성함과 전화번호를 알려주시겠습니까?

더블룸을 예약하겠습니다.

Quiero reservar una habitación doble.
끼에로 레쎄르바르 우나 아비따씨온 도블레

제 이름은 김재홍이고, 전화번호는 123-1234입니다.

Mi nombre es Jae-hong Kim, y mi número de teléfono es 123-1234.
미 놈브레 에스 재홍 낌 이 미 누메로 데
뗄레포노 에스 우노 도스 뜨레스 우노 도스 뜨레스 꽈뜨로

와이파이는 무료입니다.

El Wi-fi es gratis.
엘 위피 에스 그라띠스

조식 포함입니까?

¿El desayuno está incluido?
엘 데싸유노 에스따 인끌루이도

여기는 언제 도착하십니까?

¿Cuándo llega aquí?
꽌도 예가 아끼

내일 아침에 갑니다.

Voy a estar allí mañana por la mañana.
보이 아 에스따르 아이 마냐나 뽀르 라 마냐나

며칠 머무르십니까?

¿Cuántos días será su estancia?
꽌또스 디아스 쎄라 쑤 에스딴씨아

예약 취소할 수 있나요?

¿Podría cancelar la reserva?
뽀드리아 깐셀라르 라 레쎄르바

빈 방이 하나 남았습니다.

Solo hay una habitación disponible.
쏠로 아이 우나 아비따씨온 디스뽀니블레

예약을 변경하겠습니다.

Quiero modificar la reserva.
끼에로 모디피까르 라 레쎄르바

오늘 예약하시고 체크인 시 지불하시면 됩니다.

Reserve hoy y pague cuando se aloje.
레쎄르베 오이 이 빠게 꽌도 쎄 알로헤

5. 체크인하기

주요표현

A : ¿Hay alguna habitación disponible?
아이 알구나 아비따씨온 디스뽀니블레

B : Sí, tenemos.
씨 떼네모스

A : 빈방 있습니까?

B : 네, 있습니다.

예약하셨습니까?

¿Ha hecho la reserva?
아 에초 라 레쎄르바

아니요, 예약 안 했습니다.

No, no he reservado.
노 노 에 레쎄르바도

지금 체크인할 수 있습니까?

¿Podría hacer check-in ahora?
뽀드리아 아쎄르 체크인 아오라

어떤 방에 숙박하시겠습니까?

¿En qué habitación le gustaría hospedarse?
엔 께 아비따씨온 레 구스따리아 오스뻬다르쎄

얼마나 머무실 예정입니까?

¿Cuántas noches va a alojarse?
꽌따스 노체스 바 아 알로하르쎄

3일간 체류합니다.

Quiero quedarme por tres noches.
끼에로 께다르메 뽀르 뜨레스 노체스

요금은 하루에 얼마입니까?

¿Cuánto cuesta la habitación por una noche?
꽌또 꾸에스따 라 아비따씨온 뽀르 우나 노체

이 서식을 채워주세요.

Complete este formulario, por favor.
꼼쁠레떼 에스떼 포르물라리오 뽀르 파보르

방 번호는 123입니다.

El número de habitación es 123.
엘 누메로 데 아비따씨온 에스 우노 도스 뜨레스

여기 열쇠 있습니다.

Aquí está su llave.
아끼 에스따 쑤 야베

죄송하지만 빈방이 없습니다.

Disculpe, pero no tenemos habitación vacante.
디스꿀뻬 뻬로 노 떼네모스 아비따씨온 바깐떼

여기서 1박하고 싶어요.

Quiero hospedarme una noche.
끼에로 오스뻬다르메 우나 노체

6. 룸서비스

주요표현

A : Servicio de habitaciones. ¿En qué puedo ayudarle?
쎄르비씨오 데 아비따씨오네스 엔 께 뿌에도 아유다를레

B : ¿Podría llevar el desayuno a mi habitación?
뽀드리아 예바르 엘 데싸유노 아 미 아비따씨온

A : 룸서비스입니다. 무엇을 도와드릴까요?

B : 아침 식사를 방에 가져다 줄 수 있습니까?

도와드릴까요?

¿Cómo puedo ayudarle?
꼬모 뿌에도 아유다를레

내일 아침에 모닝콜 부탁합니다.

Le pido hacer una llamada mañana por la mañana.
레 삐도 아쎄르 우나 야마다 마냐나 뽀르 라 마냐나

식당은 몇 시에 문 열어요?

¿A qué hora se abre el restaurante?
아 께 오라 쎄 아브레 엘 레스따우란떼

여섯 시에 엽니다.

Se abre a las seis.
쎄 아브레 아 라스 쎄이스

세탁 부탁합니다.

Quiero pedirle el servicio de lavandería.
끼에로 뻬디를레 엘 쎄르비씨오 데 라반데리아

방이 지저분합니다.

La habitación está muy sucia.
라 아비따씨온 에스따 무이 쑤씨아

너무 시끄럽습니다.

Hay mucho ruido.
아이 무초 루이도

방을 바꾸겠습니다.

Quiero cambiar la habitación.
끼에로 깜비아르 라 아비따씨온

뜨거운 물이 나오지 않습니다.

No sale agua caliente.
노 쌀레 아구아 깔리엔떼

화장실에 수건이 없습니다.

No hay toallas en el baño.
노 아이 또아야스 엔 엘 바뇨

휴지 좀 더 주시겠어요?

¿Me da más papel higiénico?
메 다 마스 빠뻴 이히에니꼬

주문한 식사가 아직 안 나왔어요.

Todavía no me han servido la comida que les pedí.
또다비아 노 메 안 쎄르비도 라 꼬미다 께 레스 뻬디

7. 각종 문의

주요표현

A : ¿Podría guardar mis cosas de valor aquí?
뽀드리아 과르다르 미스 꼬싸스 데 발로르 아끼

B : Sí, déjelo en esta caja de seguridad.
씨 데헬로 엔 에스따 까하 데 쎄구리닷

A : 귀중품을 여기 맡길 수 있나요?

B : 네, 이 금고에 넣어주세요.

방에 금고가 있습니까?

¿Hay caja de seguridad en la habitación?
아이 까하 데 쎄구리닷 엔 라 아비따씨온

이 짐을 저녁까지 맡아주시겠습니까?

¿Podría dejar mis maletas hasta la noche?
뽀드리아 데하르 미스 말레따스 아스따 라 노체

짐을 맡아주실 수 있습니까?

¿Tiene servicio de guarda equipaje?
띠에네 쎄르비씨오 데 과르다 에끼빠헤

제 짐을 주시겠습니까?

¿Podría darme mis maletas?
뽀드리아 다르메 미스 말레따스

여기서 환전할 수 있습니까?

¿Podría cambiar el dinero aquí?
뽀드리아 깜비아르 엘 디네로 아끼

여기서 팩스를 보낼 수 있습니까?

¿Podría enviar un fax aquí?

뽀드리아 엔비아르 운 팍스 아끼

인터넷을 할 수 있습니까?

¿Podría usar Internet?

뽀드리아 우싸르 인떼르넷

202호에 전화 좀 걸어주시겠습니까?

¿Podría hacer una llamada a la habitación número 202?

뽀드리아 아쎄르 우나 야마다 아 라 아비따씨온 누메로 도스 씨엔또스 도스

내게 온 메시지 없습니까?

¿No hay ningún mensaje para mí?

노 아이 닝군 멘싸헤 빠라 미

이 편지를 한국에 보내주시겠습니까?

¿Podría enviar esta carta a Corea?

뽀드리아 엔비아르 에스따 까르따 아 꼬레아

이 소포를 한국에 보내고 싶습니다.

Quiero enviar este paquete a Corea.

끼에로 엔비아르 에스떼 빠께떼 아 꼬레아

이 짐을 맡길 수 있을까요?

¿Puedo depositar este equipaje?

뿌에도 데뽀씨따르 에스떼 에끼빠헤

주요표현

A : Quiero hacer el check-out.
끼에로 아쎄르 엘 체크아웃

B : ¿Me da la llave, por favor?
메 다 라 야베 뽀르 파보르

A : 지금 체크아웃하겠습니다.

B : 방 열쇠를 부탁합니다.

체크아웃 시간은 몇 시입니까?

¿A qué hora es el check-out?
아 께 오라 에스 엘 체크아웃

몇 시까지 나가야 하죠?

¿A qué hora debo dejar el hotel?
아 께 오라 데보 데하르 엘 오뗄

체크아웃은 오전 11시입니다.

El check-out es antes de las once.
엘 체크아웃 에스 안떼스 데 라스 온쎄

체류를 하루 더 연장하겠습니다.

Quiero alojarme una noche más.
끼에로 알로하르메 우나 노체 마스

짐을 맡겨 놓으셔도 됩니다.

Puede dejarnos su equipaje.
뿌에데 데하르노스 쑤 에끼빠헤

모든 종류의 신용카드를 받습니다.

Aceptamos todos los tipos de tarjetas de créditos.

아쎕따모스 또도스 로스 띠뽀스 데 따르헤따스 데 끄레디또스

체크아웃 시간을 연장할 수 있습니까?

¿Puedo retrasar la hora de check-out?

뽀드리아 레뜨라싸르 라 오라 데 체크아웃

리셉션은 매일 24시간 열려 있습니다.

La recepción está abierta las 24 horas, 7 días a la semana.

라 레쎕씨온 에스따 아비에르따 라스 베인띠꽈뜨로 오라스 씨에떼 디아스 아 라 쎄마나

이 짐을 3시까지 맡아주시겠습니까?

¿Puedo dejar mis maletas aquí hasta las tres?

뿌에데 데하르 미스 말레따스 아끼 아스따 라스 뜨레스

세금이 포함되어 있습니다.

El impuesto está incluido.

엘 임뿌에스또 에스따 인끌루이도

택시를 불러주세요.

Llame a un taxi, por favor.

야메 아 운 딱씨 뽀르 파보르

주요표현

A : ¿A qué hora empieza el concierto?
아 께 오라 엠삐에싸 엘 꼰씨에르또

B : Empieza a las 6.
엠삐에싸 아 라스 쎄이스

A : 콘서트는 몇 시에 시작합니까?

B : 6시에 막이 오릅니다.

저 어때요?

¿Cómo me veo?
꼬모 메 베오

매우 아름다워요. 갑시다.

Muy hermosa. Vamos.
무이 에르모사 바모스

매표소는 어디죠?

¿Dónde está la boletería?
돈데 에스따 라 볼레떼리아

지금 표를 살 수 있나요?

¿Podría comprar un boleto ahora?
뽀드리아 꼼쁘라르 운 볼레또 아오라

지금 무엇이 공연 중인가요?

¿Qué se está presentando?
께 쎄 에스따 쁘레센딴도

아르헨티나 전통 탱고를 하고 있어요.

El tango tradicional de Argentina se está presentando.
엘 땅고 뜨라디씨오날 데 아르헨띠나 쎄 에스따 쁘레센딴도

공연은 몇 시에 끝납니까?

¿A qué hora termina la presentación?
아 께 오라 떼르미나 라 쁘레센따씨온

어느 좌석을 원하십니까?

¿Qué asiento quiere tomar?
께 아씨엔또 끼에레 또마르

뒷좌석으로 두 자리 부탁합니다.

Dos asientos de atrás, por favor.
도스 아씨엔또스 데 아뜨라스 뽀르 파보르

죄송하지만 매진되었습니다.

Disculpa, se vendió todo.
디스꿀빠 쎄 벤디오 또도

10. 사진을 찍을 때

주요표현

A : ¿Podría tomarnos una foto?
뽀드리아 또마르노스 우나 포또

B : Sí, digan cheese.
씨 디간 치즈

A : 사진 좀 찍어 주시겠습니까?

B : 네, '치즈' 하세요.

함께 사진 찍읍시다.

Vamos a tomar una foto juntos.
바모스 아 또마르 우나 포또 훈또스

사진 찍는 걸 좋아해요.

Me gusta sacar fotos.
메 구스따 싸까르 포또스

당신의 사진을 찍어도 되겠습니까?

¿Podría tomarle una foto?
뽀드리아 또마를레 우나 포또

이 카메라는 어떻게 사용해요?

¿Cómo uso esta cámara?
꼬모 우소 에스따 까마라

이 버튼을 누르기만 하면 됩니다.

Solo presione este botón.
쏠로 쁘레씨오네 에스떼 보똔

비디오를 찍읍시다.

Vamos a grabar videos.
바모스 아 그라바르 비데오스

필름은 어디서 살 수 있나요?

¿Dónde puedo comprar un rollo de película?
돈데 뿌에도 꼼쁘라르 운 로요 데 뻴리꿀라

이것을 인화해 주세요.

Imprímalo, por favor.
임쁘리말로 뽀르 파보르

이 사진을 확대해 주세요.

¿Podría ampliar esta foto?
뽀드리아 암쁠리아르 에스따 포또

이 사진을 이메일로 서울에 보냅시다.

Vamos a enviar esta foto a Seúl por correo electrónico.
바모스 아 엔비아르 에스따 포또 아 쎄울 뽀르 꼬레오 엘렉뜨로니꼬

그거 좋은 생각입니다.

Buena idea.
부에나 이데아

여기서 사진을 찍어도 되나요?

¿Puedo tomar fotos aquí?
뿌에도 또마르 포또스 아끼

관련단어

비행기

capitán	까삐딴	기장
piloto	삘로또	조종사
copiloto	꼬삘로또	부조종사
auxiliar de vuelo	아욱씰리아르 데 부엘로	승무원
azafata	아싸파따	여승무원
azafato	아싸파또	남승무원
auriculares	아우리꿀라레스	헤드폰
audífonos	아우디포노스	헤드폰
enchufe	엔추페	콘센트
máscara de oxígeno	마스까라 데 옥씨헤노	산소호흡기
chaleco salvavidas	찰레꼬 쌀바비다스	구명조끼
salida de emergencia	쌀리다 데 에메르헨씨아	비상출구
botón de llamada	보똔 데 야마다	호출 버튼
libre	리브레	비어 있는
no fumar	노 푸마르	금연

공항 내 주요 안내 표시

aeropuerto	아에로뿌에르또	공항
centro de información	쎈뜨로 데 인포르마씨온	안내소
partida	빠르띠다	출발
llegada	예가다	도착
transferencia	뜨란스페렌씨아	환승
paso	빠쏘	통과
entrada	엔뜨라다	입구
salida	쌀리다	출구

despegue	데스뻬게	이륙
aterrizaje	아떼리싸헤	착륙
prohibida la entrada	쁘로이비다 라 엔뜨라다	출입금지
extranjero	엑스뜨랑헤로	외국인
visitante	비씨딴떼	방문자
inmigración	인미그라씨온	출입국 관리
aduana	아두아나	세관
cuarentena	꽈렌떼나	검역
seguridad	세구리닷	보안, 경비
entrega de equipaje	엔뜨레가 데 에끼빠헤	짐 찾는 곳
banco	방꼬	은행
cambio de dinero	깜비오 데 디네로	환전
tienda libre de impuestos	띠엔다 리브레 데 임뿌에스또스	면세점
coche de alquiler	꼬체 데 알낄레르	렌터카
parada	빠라다	정류장
taquilla	따끼야	매표소
viaje	비아헤	여행
turismo	뚜리스모	관광
recuerdo	레꾸에르도	기념품
mapa	마빠	지도

호텔

director general	디렉또르 헤네랄	총지배인
recepcionista	레셉씨오니스따	고객 안내
conserjería	꼰쎄르헤리아	관리인
portero	뽀르떼로	도어맨

관련단어

operador	오뻬라도르	전화교환원
habitación con cama individual	아비따씨온 꼰 까마 인디비두알	싱글룸
habitación con cama doble	아비따씨온 꼰 까마 도블레	더블룸
recepción	레쎕씨온	프론트데스크
servicio de habitación	쎄르비씨오 데 아비따씨온	룸서비스
habitación	아비따씨온	방
servicio de limpieza	쎄르비씨오 데 림삐에싸	객실 청소
lavadura	라바두라	세탁
baño	바뇨	욕실
vestíbulo	베스띠불로	로비
propina	쁘로삐나	팁

10장 위급상황

1. 도둑맞았을 때
2. 물건을 잃어버렸을 때
3. 사고를 당했을 때

Spanish

제10장 1. 도둑맞았을 때

주요표현

A : ¿Qué pasa?
께 빠싸

B : Alguien robó mi cartera.
알기엔 로보 미 까르떼라

A : 왜 그러세요?

B : 지갑을 도난당했어요.

잡아라!

¡Atrápalo!
아뜨라빨로

저놈이 내 가방을 훔쳐갔어요.

Aquel chico me robó.
아껠 치꼬 메 로보

누가 내 돈을 훔쳐갔어요.

Alguien me robó mi dinero.
알기엔 메 로보 미 디네로

신용카드를 도난당했습니다.

Alguien hurtó mi tarjeta de crédito.
알기엔 우르또 미 따르헤따 데 끄레디또

경찰에 신고하세요.

Debe denunciarlo.
데베 데눈씨아를로

그 안에 뭐가 들어 있었습니까?

¿Qué llevaba en su bolsa?

께 예바바 엔 쑤 볼싸

귀중품이 있었습니다.

Tenía algunos objetos de valor.

떼니아 알구노스 옵헤또스 데 발로르

언제 어디서 발생했습니까?

¿Cuándo y dónde ocurrió?

꽌도 이 돈데 오꾸리오

방금 지하철에서요.

Hace un momento en el metro.

아쎄 운 모멘또 엔 엘 메뜨로

도둑은 어떻게 생겼습니까?

¿Puede describir al ladrón?

뿌에데 데스끄리비르 알 라드론

한국대사관 전화번호를 알려주세요.

¿Cuál es el número de teléfono de la Embajada de Corea?

꽐 에스 엘 누메로 데 뗄레포노 데 라 엠바하다 데 꼬레아

주요표현

A : Perdí mi maleta.
뻬르디 미 말레따

B : ¿Qué llevaba en la maleta?
께 예바바 엔 라 말레따

A : 가방을 잃어버렸어요.

B : 안에 뭐가 들어 있었습니까?

제 짐을 찾을 수가 없어요.

No puedo encontrar mi maleta.
노 뿌에도 엔꼰뜨라르 미 말레따

핸드폰을 잃어버렸습니다.

He perdido mi celular.
에 뻬르디도 미 셀룰라르

여권이 안 보여요.

No puedo encontrar mi pasaporte.
노 뿌에도 엔꼰뜨라르 미 빠싸뽀르떼

어디서 잃어버렸습니까?

¿En dónde lo perdió?
엔 돈데 로 뻬르디오

버스에 두고 내린 것 같아요.

Creo que lo dejé en el autobús.
끄레오 께 로 데헤 엔 엘 아우또부스

전혀 모르겠습니다.

No tengo ni idea.

노 뗑고 니 이데아

분실물 센터는 어디입니까?

¿Dónde está la oficina de objetos perdidos?

돈데 에스따 라 오피씨나 데 옵헤또스 뻬르디도스

경찰서는 어디입니까?

¿Dónde está la comisaría?

돈데 에스따 라 꼬미싸리아

이 신고서를 기재해 주세요.

Llene este reporte policial.

예네 에스떼 레뽀르떼 뽈리씨알

찾으면 바로 연락 주세요.

Llámeme cuando lo encuentre.

야메메 꽌도 로 엔꾸엔뜨레

3. 사고를 당했을 때

주요표현

A : He tenido un accidente de coche.
에 떼니도 운 악씨덴떼 데 꼬체

B : Llame a una ambulancia.
야메 아 우나 암불란씨아

A : 교통사고를 당했어요.

B : 구급차를 불러주세요.

누구 좀 도와주세요.

Ayúdeme, por favor.

아유데메 뽀르 파보르

괜찮으세요?

¿Está bien?

에스따 비엔

다친 사람이 있습니다.

Hay un herido.

아이 운 에리도

어린이가 피를 흘리고 있습니다.

Un niño está sangrando.

운 니뇨 에스따 쌍그란도

어떤 여자가 의식이 없어요.

Una mujer no está consciente.

우나 무헤르 노 에스따 꼰씨엔떼

소화기 쓰는 법을 알려주세요.

¿Cómo puedo usar el extintor?
꼬모 뿌에도 우싸르 엘 엑스띵또르

화재 비상벨을 누르세요.

Pulse el botón de alarma de incendio.
뿔쎄 엘 보똔 데 알라르마 데 인쎈디오

경찰을 불러요.

Llame a la policía.
야메 아 라 뽈리씨아

구조대를 불러주세요.

Llame al 911.
야메 알 누에베 우노 우노

여기 누우세요.

Acuéstese aquí.
아꾸에스떼쎄 아끼

숨을 깊게 천천히 쉬세요.

Respire profunda y lentamente.
레스삐레 쁘로푼다 이 렌따멘떼

아무도 없어요?

¿No hay nadie?
노 아이 나디에

관련단어

분실, 도난, 사고

accidente	악씨덴떼	사고
accidente del tráfico	악씨덴떼 델 뜨라피꼬	교통사고
ladrón	라드론	도둑
robar	로바르	훔치다
estafador	에스따파도르	사기꾼
secuestar	쎄꾸에스따르	유괴하다
amenazar	아메나싸르	협박하다
huir	우이르	도망가다
mentir	멘띠르	거짓말하다
policía	뽈리씨아	경찰
denunciar	데눈씨아르	신고하다
objeto pérdido	옵헤또 뻬르디도	분실물
identificación	이덴띠피까씨온	신분증
pasaporte	빠싸뽀르떼	여권
certificado	쎄르띠피까도	증명서
tarjeta de crédito	따르헤따 데 끄레디또	신용카드
cheque	체께	수표
ambulancia	암불란씨아	구급차
mochila	모칠라	배낭
cartera	까르떼라	지갑

부록

▶초심자를 위한 스페인어 막사용 설명서

▶그림 단어

1. 객실
2. 화장실
3. 컴퓨터
4. 문구류
5. 가전제품
6. 주방
7. 인체
8. 과일
9. 야채
10. 동물
11. 스페인의 주요 도시

초심자를 위한 스페인어 막사용 설명서

스페인에 가서 스페인어를 못해도 최소한 다음 몇 마디만 알면 도움이 될 것입니다.

■ **¡Hola!** 올라	안녕하세요!
■ **Sí.** 씨	예.
■ **No.** 노	아니요.
■ **esto** 에스또	이것
■ **aquello** 아께요	저것
■ **baño** 바뇨	화장실
■ **Ayúdeme.** 아유데메	도와주세요.
■ **Disculpa.** 디스꿀빠	실례합니다.

■ **Por favor.** 부탁합니다.
뽀르 파보르

■ **¿Perdón?** 다시 한번 말씀해 주시겠어요?
뻬르돈

■ **¿Dónde está~?** ~은 어디에 있습니까?
꽌또 에스따

■ **¿Cuánto cuesta~?** ~가 얼마입니까?
꽌또 꾸에스따

■ **Gracias.** 감사합니다.
그라씨아스

■ **De nada.** 천만에요.
데 나다

■ **Está bien.** 괜찮습니다.
에스따 비엔

■ **Chao.** 안녕히 가세요.
차오

그림 단어

- **armario** 아르마리오/옷장
- **enchufe** 엔추페/콘센트
- **lámpara** 람빠라/전등
- **colchón** 꼴촌/이불
- **almohada** 알모아다/베개
- **cenicero** 쎄니쎄로/재떨이

- **cepillo** 쎄삐요/칫솔
- **secador** 쎄까도르/드라이기
- **jabón** 하본/비누
- **shampoo** 샴뿌/샴푸
- **acondicionador** 아꼰디씨오나도르/린스
- **peine** 뻬이네/빗

3. 컴퓨터

monitor
모니또르/모니터

altavoz
알따보쓰/스피커

teclado
떼끌라도/키보드, 자판

computadora portátil
꼼뿌따도라 뽀르따띨/노트북

impresor
임쁘레쏘르/프린터

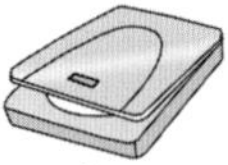

escáner
에스까네르/스캐너

tableta
따블레따/테블릿 PC

- **teclado inalámbrico** 떼끌라도 인알람브리꼬/무선키보드
- **ordenador de sobremesa** 오르데나도르 데 쏘브레메싸/데스크탑
- **ratón** 라똔/마우스
- **ratón inalámbrico** 라똔 인알람브리꼬/무선마우스
- **wi-fi** 위피/와이파이
- **CD, disco compacto** 쎄데, 디스꼬 꼼빡또/CD
- **auriculares** 아우리꿀라레스/이어폰

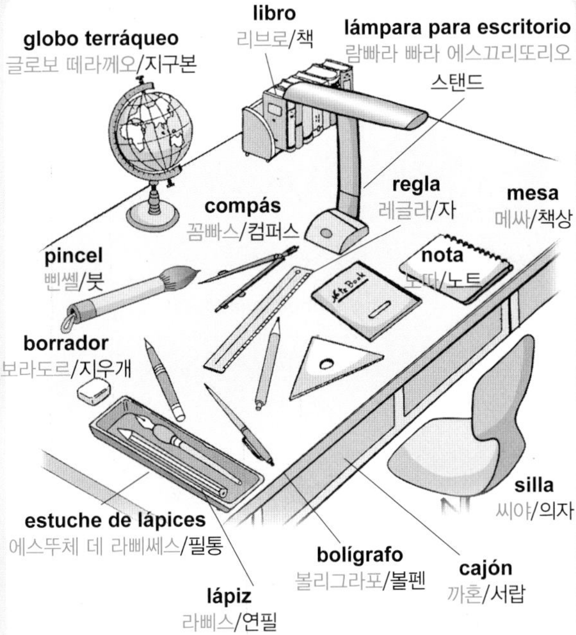

- **sobre** 쏘브레/봉투
- **cinta** 씬따/테이프
- **papel** 빠뻴/종이
- **pintura** 삔뚜라/물감
- **cuaderno** 꽈데르노/공책
- **papel de color** 빠뻴 데 꼴로르/색종이
- **estilográfica** 에스띨로그라피까/만년필
- **armario de libros** 아르마리오 데 리브로스/책꽂이
- **crayón** 끄라용/크레파스
- **tijeras** 띠헤라스/가위
- **tinta** 띤따/잉크
- **pegamento** 뻬가멘또/풀

5. 가전제품

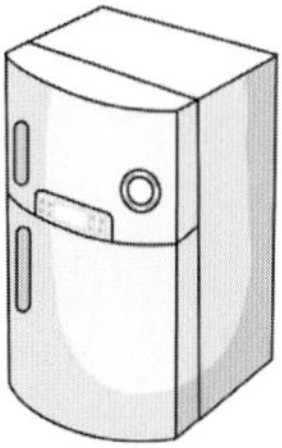

refrigerator
레프리헤라도르
냉장고

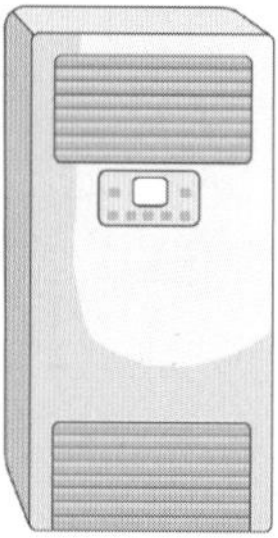

aire acondicionado
아이레 아꼰디씨오나도
에어컨

cámara
까마라/카메라

licuadora
리꾸아도라/믹서기

televisión
뗄레비씨온/텔레비전

ventilador
벤띨라도르/선풍기

lavadora
라바도라/세탁기

- **cámara digital** 까마라 디히딸/디지털카메라
- **aspirador** 아스삐라도르/청소기
- **purificador de aire** 뿌리피까또르 데 아이레/공기청정기
- **control remoto** 꼰뜨롤 레모또/리모콘
- **secador de pelo** 세까도르 데 뻴로/헤어드라이기
- **cafetera** 까페떼라/커피머신
- **tostadora** 또스따도라/토스트기
- **cocina de gas** 꼬씨나 데 가스/가스레인지

6. 주방

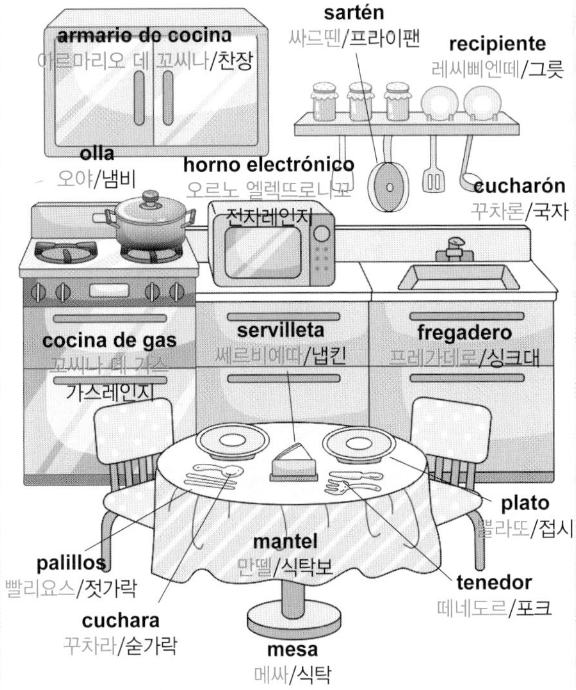

- **cuchillo** 꾸치요/칼
- **lavavajillas** 라바바히야스/식기세척기
- **horno** 오르노/오븐
- **dispensador de agua** 디스뻰싸도르 데 아구아/정수기
- **tabla de picar** 따블라 데 삐까르/도마
- **bandeja** 반데하/쟁반

7. 인체

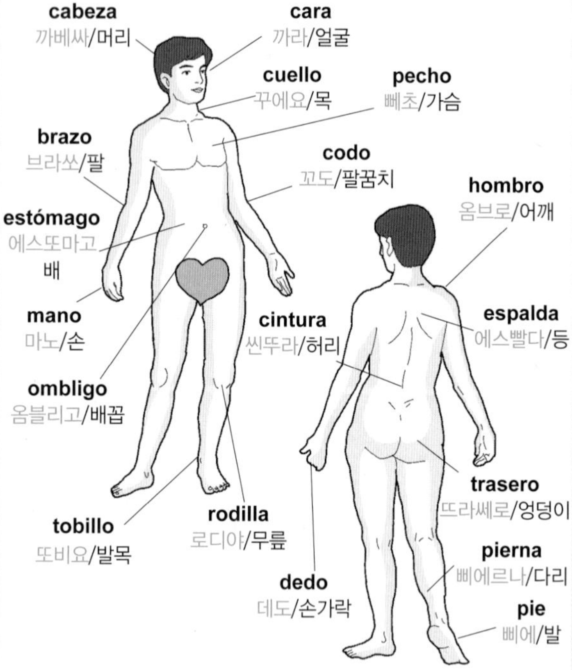

- **muslo** 무슬로/허벅지
- **cabello** 까베요/머리카락
- **ceja** 쎄하/눈썹
- **nariz** 나리쓰/코
- **mandíbula** 만디불라/턱
- **garganta** 가르간따/목구멍
- **labios** 라비오스/입술
- **pantorilla** 빤또리야/종아리
- **frente** 프렌떼/이마
- **ojo** 오호/눈
- **boca** 보까/입
- **lengua** 렝구아/혀
- **oreja** 오레하/귀
- **bigote** 비고떼/콧수염

- **coco** 꼬꼬/코코넛
- **mangostán** 망고스딴/망고스틴
- **durazno** 두라쓰노/복숭아
- **pomelo** 뽀멜로/자몽
- **papaya** 빠빠야/파파야
- **cacao** 까까오/카카오

9. 야채

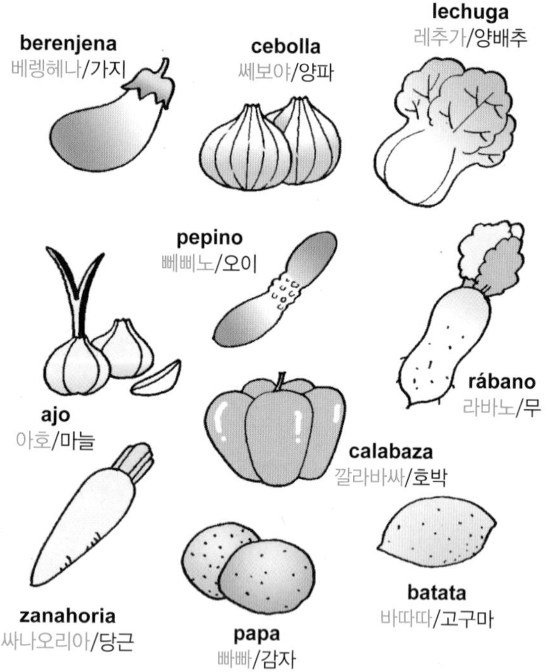

- **puerro** 뿌에로/파
- **gengibre** 헹히브레/생강
- **soya** 쏘야/콩
- **brote de bambú** 브로떼 데 밤부/죽순
- **champiñón** 참삐뇬/버섯
- **cilantro** 씰란뜨로/고수
- **tomate** 또마떼/토마토

10. 동물

- **león** 레온/사자
- **cocodrillo** 꼬꼬드리요/악어
- **elefante** 엘레판떼/코끼리
- **hipopótamo** 이뽀뽀따모/하마
- **camello** 까메요/낙타
- **águila** 아길라/독수리
- **jirafa** 히라파/기린
- **ballena** 바예나/고래

11. 스페인의 주요 도시

- **Estrecho de Gibraltar** 에스뜨레초 데 히브랄따르/지브롤터 해협
- **Península Ibérica** 뻬닌쑬라 이베리까/이베리아 반도
- **Plaza Mayor** 쁠라싸 마요르/마요르 광장
- **Museo Nacional del Prado**
  무쎄오 나씨오날 델 쁘라도/프라도 미술관
- **Palacio Real de Madrid** 빨라씨오 레알 데 마드릿/마드리드 왕궁
- **Plaza de España** 쁠라싸 데 에스빠냐/에스파냐 광장
- **Montserrat** 몬뜨쎄랏/몬트세렛
- **Museo Nacional de Arte de Cataluña**
  무쎄오 나씨오날 데 아르떼 데 까딸루냐/카탈루냐 미술관
- **Aeropuerto de Barcelona**
  아에로뿌에르또 데 바르쎌로나/바르셀로나 공항

■저자 **양인지**

한국외국어대학교 스페인어과 졸업

한국외국어대학교 통번역대학원 한·서 국제회의 통역전공 졸업

현재 프리랜서 스페인어 통번역사로 활동 중

■저서

혼자배우는 스페인어첫걸음

스페인어 일상회화사전

HandSumbook

통기초

스페인어

생활**회화**

초판 1쇄 인쇄 2019년 10월 5일

초판 2쇄 발행 2024년 2월 27일

지은이 양인지

발행인 박해성

편집인 김양섭, 조윤수 **기획마케팅** 이훈, 박상훈, 이민희

발행처 **정진출판사** 136-130 서울 성북구 화랑로 119-8

대표전화 (02) 917-9900

홈페이지 jeongjinpub.co.kr **이메일** jj1461@chol.com

출판등록 1989년 12월 20일 제 6-95호

ISBN 978-89-5700-160-8 *10770

• 이 도서의 국립중앙도서관 출판예정도서목록(CIP)은 서지정보유통지원시스템 홈페이지(http://seoji.nl.go.kr)와 국가자료공동목록시스템(http://www.nl.go.kr/kolisnet)에서 이용하실 수 있습니다.(CIP제어번호 : CIP2019034820)

• 파본은 교환해 드립니다. 책값은 뒤표지에 있습니다.